KB180425

언어문화콘텐츠 실습 ❷
말·글 문화의 가치와 대중매체 콘텐츠 창작

언어문화콘텐츠 실습 ②
# 말·글 문화의 가치와 대중매체 콘텐츠 창작

초판 1쇄 인쇄 2014년 2월 18일 | 초판 1쇄 발행 2014년 2월 25일
**지은이** 김미형
**펴낸이** 이대현 | **편집** 권분옥
**펴낸곳** 도서출판 역락 | **등록** 제303-2002-000014호(등록일 1999년 4월 19일)
**주소** 서울 서초구 동광로 46길 6-6 문창빌딩 2층
**전화** 02-3409-2058(영업부), 2060(편집부) | FAX 02-3409-2059 | **이메일** youkrack@hanmail.net
ISBN 979-11-85530-86-4 94070
        978-89-5556-913-1(세트)

정가 12,000원

\* 잘못된 책은 교환해 드립니다.

▌이 책은 2013학년도 상명대학교 교내연구비를 지원받아 수행되었습니다.

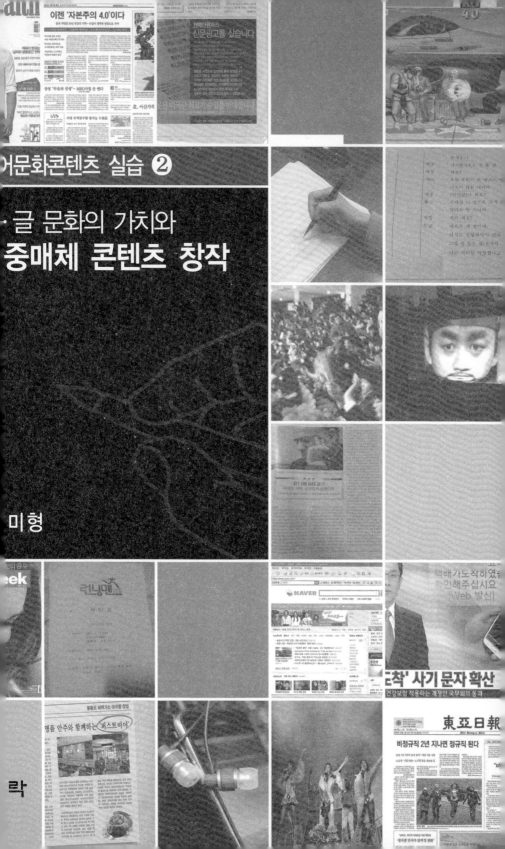

# 어문화콘텐츠 실습 ❷

## 글 문화의 가치와
# 중매체 콘텐츠 창작

미형

락

# 머리말

이 책은 2011년도에 출판한 『언어문화콘텐츠 실습 1 : 국어국문학도의 대중매체 언어문화콘텐츠 창작』에 이어 두 번째 기획으로 마련되는 것이다. 1권에서는 대중매체 언어문화콘텐츠 창작의 기본 실력이 되는 상상력, 창의력, 논리력 실습에 대한 것과 함께 브랜드 네이밍과 광고 카피를 다루었다. 이 책에서는 보도 기사 실습, 피처 기사 실습, 방송 구성 작가 실습, 방송 희극 대본 창작 실습을 다루고자 한다.

대중매체에 담기는 문화 콘텐츠는 언어, 영상, 음향 등 다양한 요소로 구성되는데, 이 중 언어 부분은 의미적인 내용을 알리는 역할을 맡는 1차적인 요소이다. 사람들이 전달할 수 있는 '의미적 내용'의 표현 도구는 언어가 유일한 것이다. 영상이나 음향도 의미를 가지고 있다고 할 수 있으나, 그것은 예술적인 의미로서 상징적인 미의 차원에 놓이는 것이다. 가장 구체적으로 의미를 형성하고 전달하는 도구는 바로 언어이다. 이 기본적인 것을 중심으로 하여 거기에 영상과 음향이 복합적으로 어우러지면서 한 편의 대중매체 콘텐츠가 탄생되는 것이다.

특히 이 책에서 다룰 것은 보도 기사와 피처 기사, 그리고 방송 구성과 방송 희극이다. 앞의 두 분야는 글의 문화를 형성하는 것이고 뒤의 두 분야는 말의 문화를 형성하는 것이다. 각 장르에 따라 갖추어야 할 요건들이 따로 있으나 공통적인 것은 이 장르들은 우리 시대의 말·글 문화를 주도해 나가는 위치에 있다는 점이 될 것이다. 그런 이유로 이 책의 제목에 '말·글 문화'라는 주제어를 넣어 이 가치에 집중해 보고자 하는 것이다.

1장에서도 서술하겠지만, '말·글 문화'란 한 시대의 말과 글의 표현물에 녹아 있는 것으로서 이상적으로 지향하고 있는 행동, 생활, 의식의 양식이라고 생각해 볼 수 있다. '양식(樣式)'이란 '오랜 시간이 지나면서 자연히 정해진 방식'이란 뜻으로, 시대나 부류에 따라 독특하게 형성된 것이다. 말과 글로 이루어진 표현물을 통해 우리는 그 시대의 사람들이 무엇을 좋아하고 무엇을 싫어하며 어떤 행위가 선호되고 어떤 행위가 지탄 받는지를 알 수 있게 된다. 나아가 직접적으로 표현되는 내용은 구체적인 일들이 될 것이나 그러한 것들을 종합하여 보면 그 시대 사람들의 인식 형태가 도출될 수 있다. 이러한 것을 말·글 문화라고 할 수 있다.

그런데 이러한 말·글 문화는 그 시대 상황과 현상의 자연스러운 발로로서 나타나는 결과물이긴 하지만, 우리가 간과하면 안 될 중요한 사항이 있다. 대중매체의 말·글은 이 시대의 정신 건강을 바람직한 것으로 형성하고자 하는 의식을 기반으로 하여 이루어져야 한다는 점이다. 말·글 문화의 창작자들이 어떤 것을 선호하며 표현하고 있지만, 그것이 우리 사회에 순기능을 하는지 역기능을 하는지에 대해서도 평가할 수 있다. 그래서

이 책에서는 특히 '가치' 부분에 역점을 두어 대중매체가 이 시대의 가치와 어떻게 연관되며 어떤 부분을 지향하며 창작되어야 할 것인가에 대해 논의하고자 하는 것이다.

일선에서 열심히 활동하고 계시는 보도 기사, 피처 기사, 방송 구성, 방송 희극 등 각 분야의 기라성 같은 전문가들에게 누를 끼치지 않을까 염려되는 마음도 있다. 그러나 인문학적인 시각의 팁을 이 분야에 제공하는 것이 매우 필요하다고 판단하여 감히 이 책의 출판을 결심하게 된 것이다. 우리 사회에서 사람들이 주목하고 사랑해줄 가장 매력적인 장르가 바로 대중매체 문화 콘텐츠이며, 이 콘텐츠 속에 우리의 미래가 달려 있다고 생각하는 진심 속에서 기획되고 생산된 작업들이라 이해해 주시기 바란다.

2014년 2월 7일  김 미 형

# 차례

# 제1장

# 이 시대의 가치와 대중매체의 글

## 01 | 가치의 중요성 및 우리 시대의 가치 특성

'가치(價値)'란 사람, 동물, 사물 등 우주 삼라만상 모든 대상들이 각기 가지고 있는 중요성이나 쓸모를 뜻하는 단어이다. 망치는 못을 박는 데에 쓸모가 있으므로 그 가치를 인정받는다. 자동차는 사람들을 먼 곳까지 데려다주므로 그 가치를 인정받는다. 한 그루의 나무는 사람들에게 시원한 그늘을 제공하고 아름다운 자연의 풍광을 제공하고 목재가 되어 도구로 활용됨으로써 사람들로부터 그 가치를 인정받는다. 이 세상의 존재는 그 어느 하나 쓸모없는 것이 없으며 탄생의 순간부터 가지고 태어나는 고유한 가치가 있다.

그런데 이 가치란 것은 사람들이 알고 인식하지 않으면 소용이 없는 것이 된다. 왜냐하면 '가치'란 사람들이 느끼고 앎으로써 비로소 존재하게 되는 것이기 때문이다. 가령 망치가 놓여 있으나 사람들이 못 박는 일을 할 필요가 없어서 그렇게 사용한 적이 없고 그 물건이 뭘 하는 건지에 대해 생각해 주지 않는다면 이 망치는 가치가 없는 것이 된다. 그러므로 가치는 사람들의 인식 여하에 따라 이렇게 생각될 수도 있고 저렇게 생각될 수도 있는 주관성을 지니고 있다. 가치의 중요성이 바로 여기에 있다. 망치가 존재하는데 그 가치를 인식하지 않는다면 우리는 망치를 쓸모없는 하찮은 것으로 여기게 될 것이다. 가치를 인식하며 사는 일은 관련 대상이 이 세상에 존재하는 의의를 부여해 주는 아주 중요한 일이라 할 것이다.

사람이 살아가는 데에 있어서 삶과 관련하여 생각해 볼 '가치'라는 것은 "사람들이 어떤 내용을 소중하게 여기며 살아가는가?" 하는 문제와 연관될 것이다. 곧, 살아가면서 우리가 소중한 덕목이나 요건으로 생각할 내용은 무엇인가 하는 것이 될 것이다. 덕목(德目)이란 '충(忠), 효(孝), 인(仁), 의(義) 따위의 덕을 분류하는 명목'을 뜻한다. 이것들은 예로부터 교훈으로 삼아 가르침을 주던 내용들로서 도덕적, 규범적, 인간적 가치가 주로 언급되었었다. 그런가 하면 전통적인 덕목의 부류에 안 들었던 새로운 가치들이 현대 사회에서 소중하게 인식되는 것들도 당연히 존재한다. 예를 들어, 경제적, 사회적, 문화적, 정서적 가치들이 있을 것이다. 또한 '덕목'이란 것이 한 단어로 표현되는 추상적인 명목에 해당한다면 그 명목의 행위적이거나 구체화된 내용들이 인식되어야 한다. 가령, 잘 사는 것, 사랑하며 사는 것, 남을 배려하는 것, 남에게 피해를 주지 않는 것, 남을 돕는 것, 이기적으로만 생각하지 않는 것, 정서적으로 안정되고 충만한 것과 같은 것이 될 것이다. 그리고 추상적인 덕목을 충족시키는 구체적 사항들은 어느 시대이건 다 적용되는 것들이 대부분일 거고, 아울러 시대에 따라 특히 강조되어야 할 것들도 있을 것이다. 이러한 것들을 통틀어 우리는 사람들이 살아가면서 생각해야 할 '가치'라는 범주 속에 집어넣을 수 있을 것이다.

위에서 언급했듯이, '가치'는 다분히 주관성을 지닌다. 일단은 가치라는 것이 사람의 인식에 의해 비로소 생성된다는 점에서 주관적이다. 그리고 시대를 막론하고 변함없이 인정되어야 할 가치가 있는가 하면, 시대에 따라 달리 인식되는 가치들이 있다는 점에서도 주관적이다. 아울러, 사람들은 각자 성격과 취향이 다르므로 각자 중요하게 여기는 내용도 또한 다를 수 있다는 점에서 주관적이다.

더욱이, 문물이 눈부시게 발전하여 다양한 볼거리와 즐길 거리와 누릴 거리들이 많은 현대 사회에는 어느 일정한 가치 하나로 국한되는 한정적인 가치를 언급하기는 어렵게 되었다. 다양한 사회이니만큼 가치의 다양성도 인정되지 않으면 안 되는 상황이 된 것이다. 그러므로 가치 인식의 다양성에 대해서도 폭 넓게 생각할 필요가 있다.

가치라는 것이 주관성과 다양성을 지닌다는 것은 자칫 자기 생각하는 대로 살면 된다고 하는 자유방임의 사고로 연결될 수도 있다. "어차피 가치라는 것이 주관적인 것이고 다양할 수밖에 없는 것인데, 어느 것이 옳다, 그르다 할 수 없지 않은가?"라고 생각될 수 있기 때문이다. 그러나 이러한 가치의 주관성과 다양성을 인정한다고 하더라도 우리는 "과연 어떤 것이 옳은 것인가?"에 대한 사회적 공유를 형성해 나갈 필요가 있다. 이 문제가 다소 어렵다면, 최소한 "어떤 것은 절대로 안 되는가?"에 대해서라도 사회적 공유가 형성되어 있어야 한다. 왜냐하면 주관성과 다양성이 자유방임을 지향하는 것은 아니기 때문이다.

따라서 지금 우리는 어떠한 가치가 사회적으로 공유될 수 있는가에 대해 심각히 분석하고 논리적으로 생각할 필요가 있는 것이다. 최소한 우리가 살아가며 지켜야만 되는 사항들, 나아가 옳고 그름을 떠나 우리가 행복하게 살아가기 위한 가치관들에 대해 사회적 공유를 만들어 나가는 데에 문화콘텐츠 창작자들의 역할이 크다. 바로 여기에 이 책의 서두에 가치 운운하는 이유가 있다 할 것이다.

## 02 | 말·글 문화가 이루어가는 시대 가치

문화 콘텐츠 창작자들이 그들의 작품 속에서 지향하는 가치가 무엇인가에 따라 사회적 분위기가 달라진다고 할 수 있다. 물론 전적인 기여를 하거나 영향력을 가지는 것은 아니나, 현대 사회가 대중매체에 받는 영향력은 매우 크므로 결코 간과해서도 안 되며 책임감과 사명감을 가지고 고민하여 임해야 할 문제이다. 대중매체의 문화 콘텐츠 중에서도 특히 말과 글로 이루어지는 콘텐츠의 영향력은 더욱 더 크다. 왜냐하면 말과 글은 직접적인 의미 표현의 도구이기 때문이다. 예술 작품의 그림이나 형태, 음악 작품의 선율도 의미를 표현할 수 있으나 그것은 예술적인 의미로서 미적이고 감각적인 세계와 관련되는 것이지, 지적인 어떤 사고의 내용을 말하는 것은 아니다. 반면에 말과 글은 우리의 사고를 가장 정확하게 표현할 수가 있다. 우리의 삶과 관련되는 '가치'의 내용은 말과 글을 수단으로 하여 가장 잘 표현될 수 있는 것이다.

얼마 전에 개봉된 영화 '도가니'를 보는 사람은 영화에서 표현하는 영상을 따라가면서 그 영화가 던지고자 하는 메시지를 강하게 받는다. 그런데 영화를 보기 전에 소설책으로 읽은 사람은 소설만큼 현실감 있게 표현되지는 못했다고 평가한다. 2년 전엔가 개봉된 외화 '연 날리는 아이들'도 소설을 읽은 사람이라면, 그 깊이가 소설만은 못하다고 평가한다. "생생한 영상이 글보다 못 하다니."라고 생각이 들 수 있다. 글은 그 어느 표현매체보다도 더욱 인상 깊게 존재의 실상을 드러낼 수 있다. 글은 독자의 능동적인 인식 행위가 따르지 않으면 이해할 수 없다는 점에서도 그러하고, 글은 영상으로 나타나기 어려운 내면의 세계까지를 묘사할 수 있기 때문에 그러하다. 이 이야기는 영화보다 글이 낫다는 얘기를 하려는 뜻이 아니라, 언어 표현으로 이루어지는 내용은 그 어떤 표현 수단보다도 강하게 직접적인 의미 전달을 한다는 점을 지적하고자 하는 것이다.

그런데 대중적인 관점에서 본다면, 긴 글을 읽는 것보다 한 편의 영화를 보는 것이 인내심을 덜 요구하는 수월한 수단이 될 수가 있다. 그러므로 어떤 표현 수단으로 내용을 표현하는가에 대한 우위성에 대해서는 결코 단정 지을 수가 없다. 여기서는 다만, 대중매체 안에 담길 문화콘텐츠 중 언어 표현이 차지하는 부분은 그야말로 직접적으로 전달하고자 하는 뜻을 정확히 담는 역할을 하기 때문에 그 중요성이 매우 크다는 사실을 언급하고자 하는 것이다. 출판물로 간행되는 읽힐 거리들뿐만 아니라, 영화 속에서 이루어지는 대사들, 방송 프로그램에서 이루어지는 대사들도 매우 직접적으로 우리 사회에 생각과 의미를 던져준다. 그러므로 우리 사회에서 공유해 나갈 가치관을 형성해 나가는 일이 매우 중요하다고 인식한다면, 서로가 이해해 주어야 할 다양한 가치관을 널리, 그리고 소중하게 공유하는 역할을 하는 매체로서, 말과 글로 이루어지는 대중매체 콘텐츠를 신중하게 생각해야 하는 것이다.

대중매체 속의 말과 글은 어떠한 특성을 띠는 문화를 형성한다. 문화(文化)란 가치 지향성을 지니는 인간 공동체의 공유된 행동 양식이나 의식 형태를 말한다. 좀 더 실제적으로 언급하자면, 한 공동체의 사람들이 대화를 할 때, 대체로 온유하고 남을 배려하고 예절을 지키는 성향을 띤다면 이들은 매우 온유한 사고방식의 문화를 지니고 있다고 할 수 있다. 반면에 사사건건 비난하며 대항하듯이 언성을 높이는 일이 비일비재하다면, 그들은 매우 비판적이고 저항적인 사고방식의 문화를 지니고 있다고 할 수 있다. 사회 분위기가 '우울한가, 명랑한가?'와 같은 것은 정서적 범주의 문화가 될 것이고, '정직한가, 위선적인가?'와 같은 것은 도덕적 범주의 문화가 될 것이고 '배려심이 높은가, 이기심이 팽배한가?'와 같은 것은 심리적이거나 행동적 범주의 문화가 될 것이다. 이런 식으로 우리 사회의 다양한 성향을 모두 따져본다면, 우리가 인식해야 할 문화의 특성은 매우 많다. 대인 관계에서의 문화, 소비 성향의 문화, 연령별 문화, 이성 관계에서의 문화, 친구 관계에서의 문화, 정치권의 문화, 교육 관련 문화, 식생활, 의

생활, 주생활의 문화 등 매우 다양한 것들이 있다.

그렇다면, 현재 우리 사회에서 말·글 문화가 이루어가는 시대 가치의 현황은 어떠한가? 말·글 문화를 이루어가는 매체의 유형을 본다면, 출판 매체, 보도 매체, 영상 속의 언어 표현 등을 생각해 볼 수 있다. 출판 매체는 다시 출판사에서 발행하는 도서들, 잡지사에서 발행하는 잡지 등이 있다. 보도 매체는 일간 신문, 주간 신문, 시사 잡지 등이 있다. 그리고 영상 속에도 언어 표현이 콘텐츠의 주를 이루는데, 텔레비전이나 라디오를 통해 방송되는 각종 프로그램과 같이 구성작가들이 집필해야 할 부분이 있고, 방송 희극 프로그램과 같이 희극 작가들이 집필해야 할 부분이 있다. 이러한 매체들 속에서 드러나는 문화적 양상들이 바로 우리 사회의 가치관과 정서를 형성하는 것이다.

이러한 매체들은 현재 어떤 가치를 지향하고 있으며 그 문화적 양상들은 어떠한가? 좀 과장되게 평가해 보자면, 소비 지향적 과욕과 집단 이기주의가 너무나 팽배하여 과연 가치관을 지향하는 문화적 양상들의 정체를 규명할 수 있을까 의문이 들 정도로 혼란스럽고 어렵다는 점이 될 것이다. 그런 상황 속에서 우리 사회는 화려하고 매력적인 현상은 난무하나 그 안에 담긴 가치라는 것은 알맹이가 없고 그러다보니 공허한 정서가 또한 짙게 깔리는 그런 사회가 된 듯하다. 가치 부재의 시대는 논리의 부재를 낳고 갈등의 골을 깊게 만든다. 지금 우리 사회는 각자 자신의 목소리만 낼 줄 알지 남의 소리를 듣고 다시 판단해보자는 고민을 절대로 하지 않으려는 이기주의자들이 너무나 많다. 또한 내 생각이 옳고 남의 생각이 그르다고 판단되었을 때, 타인을 설득하여 한 의견을 공유하려는 의지도 매우 희박하다. 너는 그래라, 나는 나대로 산다는 식이다. 그러다보니 사회적 갈등의 골이 너무나 깊어지고 있다. 이러한 것들은 지성적 사고를 통해 풀어나가야 한다. 안정된 정서와 공유된 가치의 부재! 이것이 바로 현대의 문화의 특징이라 해도 과언이 아닐 것이다.

## 03 | 대중매체가 지향할 시대 가치

현실을 직시하면서 조금씩 과하지 않게 우리가 지향해야 할 가치에 대한 인식을 대중들에게 심어 주는 것, 이 일이야말로 대중매체 콘텐츠가 담당해야 할 중요한 몫이 될 것이다. 교훈적인 가르침을 행하는 것이 아니라 매체 특징적인 장르 속에 자연스럽게 녹아 있는 가치관을 대중들이 자꾸 접하게 될 때, 마치 가랑비에 옷이 젖듯 그렇게 자연스럽게 익숙해질 수 있을 것이다. 그렇다면 대중매체는 어떠한 가치를 지향해야 할 것인가?

우선 개괄적으로 보자면, 두 마리의 토끼를 다 잡아야 할 것이다. 하나는 즐거움이다. 사람들을 즐겁게 함으로써 근심을 잊게 하고 스트레스를 풀게 하고 마음을 넓게 하고 긍정 호르몬을 돌게 하고 몸까지 건강하게 만드는 효과를 볼 수가 있다. 또 하나는 기본적 도리 원칙에 대한 주지, 곧 교훈적인 것이다. 자유와 개성에 의해 각자 자기가 원하는 삶을 살 수 있지만, 이것만은 지켜야 한다는 기본 원칙에 대해 확고히 주지시키고 그것만은 어렵더라도 지키겠다는 정신을 심어주는 일, 이것을 대중매체 콘텐츠가 담당해야 한다. 그리고 대중매체의 종류에 따라 이 중 어디에 더

치중하는가 하는 점이 다소 달라질 것이다.

그런데 대중매체 콘텐츠를 통해 즐거움을 주거나 교훈을 주는 일에는 최소한의 경계가 있어야 한다. 이것은 즐거움과 교훈성의 두 측면에 대해 모두 절충적으로 생각해 봐야 할 요건이 된다. 하나는, 대중을 웃기기 위해 인간 도리에 어긋나는 행위를 행하면 안 된다는 점이다. 또 하나는 기본 원칙에 대한 인식을 주고자 하되, 진부한 교훈조나 권위적 훈계조를 일삼으면 안 된다는 점이다.

조금 더 구체적으로 생각해 보자면, 가령 개그 콘서트 같은 프로그램에서 사람을 웃기기 위해 각본을 짜는데, 비속한 언어 표현을 섞는다든지, 손찌검을 쉽게 하며 타인을 무시하고 괴롭히는 행동을 하면, 시청자들, 특히 아직 자라나는 아이들에게는 그런 행동을 해도 괜찮다는 인식을 은연중에 심어놓게 되는 것이다. 이런 행위를 하지 않고서도 웃음을 주는 방법을 찾아내야 한다. 쉬운 방식으로 그저 웃기기만 하면 된다고 하는 생각은 콘텐츠를 창작하는 안일함과 무책임함을 보여주는 것이다. 이러한 폐단을 없애기 위해서는 그 어떠한 대중매체 콘텐츠 제작자라 할지라도 우리 사회가 꼭 지켜야 할 최소한의 기본 요건에 대한 공유 인식을 갖추고 있어야 하는 것이다.

좋은 덕목과 가치관을 심어 주기 위한 일도 대중매체가 해야 할 일이다. 그런데 볼거리, 들을 거리 많은 세상 속에서 시청자에게 다가가 그 목적이 달성될 수 있으려면, 더욱 치밀하게 작전을 세워 대중이 외면하거나 별로 설득력이 없는 방식을 지양하고, 효과가 뛰어난 콘텐츠 제작에 힘 써야 할 것이다. 가령 공익 광고 방송을 통해 기본적 도리와 원칙에 대한 인식을 우리 사회에 심어주는 역할을 하고 있지만, 전체적인 프로그램 속에 녹아 있는 것보다 효과가 크지 않다. 물론 공익광고를 자주 접하게 하면 대중들이 그로부터 좋은 영향을 받을 수가 있다. 그러나 너무 많은 시간을 공익광고에 할애할 수는 없는 일이므로, 전반적인 프로그램 속에서 우리 사회에서 지향해야 할 가치들을 곳곳에 녹아들어 있게 구성하는 일이 중요하다.

이상과 같은 기본적인 틀을 생각하면서, 일단 현재의 우리 사회에서 중요하게 공유되어야 할 중요 가치는 무엇인가에 대해 간략하게나마 생각해 보기로 한다. 최소한의 인간 도리라는 것은 "최소한 남에게 피해를 끼쳐서는 안 된다."는 점이 될 것이다. 이제 우리 시대는 전통적인 윤리 도덕 운운하면서 시대 가치를 따져보는 것은 진부한 것이 되었으므로, 그렇게 접근하지 말고 실용적으로 구체적으로 접근해 보면, 귀착점은 바로 이 점, 즉 "최소한 남에게 피해를 끼쳐서는 안 된다."는 점이 된다고 본다. 무슨 말인가 하면, 가령 우리의 전통 예절에 "어른 앞에서 모자를 벗어야 한다."와 같은 것이 있는데, 이것은 근거도 없고 왜 그래야 하는지 실용성 있거나 타당하게 인식될 어떠한 이유도 없는 내용이다. 옛날에 상투를 틀고 갓을 쓰던 시절에도 없던 행위인데, 언제부터 한국 사회에 이런 행위가 예절로서 갖추어야 하는 거리고 인식되었는지 모를 일이기도 하다. 머리 안 감으면 헤어밴드를 하듯이 눌러 쓸 수 있는 게 모자이다. 또는 자신의 어떠한 스타일을 위하여 쓸 수 있는 게 모자이다. 그러므로 가령 수업 시간에 모자 챙 때문에 얼굴을 지나치게 가린다든지 하여 강의자가 수강자를 볼 수 없을 때, 모자 좀 위로 치켜 쓰라고 주문할 수는 있으나, 그러한 실용적인 어떤 이유가 없다면, 단지 "어른 앞에서 모자를 써?" 하는 전통적 유교 관념에서 모자를 못 쓰게 할 이유는 없는 것이다.

이런 식으로 우리 사회에서 교육적으로 가르친다고 하는 금기 사항들, 예절이라고 일컬어져 왔던 사항들을 하나하나 이성적으로 분석해 볼 필요가 있다. 그런 작업을 거친 후 결국 남은 알맹이를 추릴 때 그것은 우리들 서로가 최소한 지켜야 할 가치관의 내용이 될 수 있다. 이러한 가치관을 실용적인 가치관이라고 일컬을 수 있을 것이다. 과거에 뭐가 어땠다고 하는 관념에 의한 것이 아니라, 현재 우리가 혼자 사는 것이 아니라 여럿이 함께 잘 살기 위해 필요한 내용이 분석되어져야 하는 것이다.

이 1장은 서론에 해당하므로 여기서는 이 정도로만 언급하기로 하고, 이 책에서 다루게 될, 보도 기사 작성, 피처 기사 작성, 방송 구성 작가 실습, 방송 희극 대본 창작을 언급하면서 이 문제에 다시 집중하기로 한다.

### 생각샘

**1** 현대 사회가 살기 좋은 사회가 되기 위해 필요한 교육 두 가지만 꼽는다면, 어떤 것을 꼽을지 들어보고, 그 이유와 교육 방법에 대해 토론해 봅시다.

**2** 우리는 어떤 경우에 남에게 피해를 주게 되는지 토론해 봅시다.

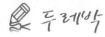

**1** 보도 기사나 피처 기사를 살펴보면서, 본인이 기자가 된다면 어떤 주제의 글을 쓰고 싶은지 생각해 보고 의견을 나누어 봅시다.


**2** 텔레비전 방송 프로그램 중 재미있게 시청하는 프로그램 한 편을 골라, 왜 흥미를 느끼는지 의견을 나누어 봅시다.

# 제2장

# 보도 기사 작성 실습

넓은 세상의 곳곳에 어떤 사람들이 무얼 하며 어떻게 살고 있을까. 우리들 내면에는 복잡한 것을 떠나 본향으로 회귀하려는 회귀 본능도 있지만, 꾸준히 알기를 원하는 호기(好奇) 본능, 외계를 알려고 하는 지각 본능이 있어 나의 공간과 시간을 뛰어넘고 싶어 한다. 그래서 늘 뉴스에 귀 기울이고 신문 기사를 찾아서 뒤적인다. 얼마 전, 저 먼 곳의 칠레에서 지하 600여 미터 광산에 갇힌 지 60여 일 만에 구조된 33인의 광부 구조 소식을 접하면서 사람들은 캡슐, 캡슐 통로, 광부들의 광산 속 생활, 칠레의 분위기 등에 대한 궁금증을 보도 기사를 통해 해소한다. 그러면서 기술(記述)과 설명(說明)으로 이루어지는 사건의 보도 기사를 통해, 세상에서 일어난 일의 자초지종을 알고 그 의미를 생각한다. 사건 밀도가 매우 높은 현대 사회라서 우리가 모르고 지나가는 수많은 일들이 있겠으나, 어느 정도

나마 사회의 흐름을 읽으며 살아갈 수 있는 것은 오로지 취재를 하고 기사를 쓰고 보도를 해주는 사람들 덕분이다.

보도(報道)란 대중 전달 매체를 통하여 일반 사람들에게 새로운 소식을 알리는 행위를 뜻하며, 기사(記事)란 사실을 적는 일이나 그 글을 뜻한다. 그러므로 보도 기사란 사회에서 일어난 새로운 일을 사람들에게 널리 전하기 위해 신문이나 잡지에 실리는 글을 말한다. '보도 기사'를 줄여서 '기사'라고 일컫기도 하고 '보도'라고 일컫기도 한다. 따라서 '기사'라고 줄여 말해도 '신문이나 잡지 따위에서, 어떠한 사실을 알리는 글'이라는 뜻을 갖는다. 또한 '보도'라고 할 때에는 보도 행위에 의해 전달되는 소식이라는 뜻을 갖는다.

사람들에게 새로운 일을 널리 전하는 방식은 문자 언어로 작성되어 지면 위에 놓이는 것과 방송을 타고 음성 언어로 전달되는 두 부류로 나눌 수 있다. 방송 뉴스는 그 원고가 기사가 되는데, 이것은 지면에 실리는 문자 언어 보도 기사와는 그 작성 방식이 다소 달라야 한다. 음성으로 전하는 내용은 시각적인 문자로 전할 때보다 문장도 짧아야 하고 경어체도 써야 하는 등 음성으로 보도하기에 좋은 문체를 갖추어야 하는 것이다. 그런데 이 장에서는 지면에 실리는 보도 기사를 대상으로 하여 작성법에 대해 살펴보기로 한다. 지면에 실리는 보도 기사의 기본 요건들은 기본적으로 뉴스 방송으로 나가는 뉴스 원고에도 적용된다고 보아도 좋을 것이다.

보도 기사는 크게 두 종류로 나누어 볼 수 있다. 그 날에 발생한 일을 바로바로 보도하는 '발생 기사'와 일련의 관련 사건들을 모아 문제의식을 가지고 그 일의 전체를 다루는 '기획 기사'가 그것이다. 발생 기사는 사건이 발생하여 기자가 취재를 직접 했거나 뉴스 공급원의 발표로부터 나온 정보들을 다루는 반면, 기획 기사는 발생한 뉴스를 쫓아가서 전하는 데 중점이 놓이는 것이 아니라 이미 보도된 내용들을 종합하면서 문제의식을 가지고 핵심 주제를 중심으로 기사를 만들어낸다는 의미가 강하다.

또한 신문이나 잡지에 실리는 기사에는 보도 기사 외에도 어떤 문제를 설명한 해설기사, 특정인의 말을 통해 어떤 사실을 알아내려고 탐방하여 그 사람과의 대화를 통해 얻은 탐방 기사나 대담 기사, 사실의 진실성을 파악한 뒤 그 사실을 평가하여 그에 대한 의견을 서술하는 논설 기사 등도 있다.

이상과 같이 대중매체에 실리는 기사의 이러저러한 종류가 있는데, 모든 기사들은 사회의 일들에 대해 사실과 진실을 충실히 전달해야 함을 생명으로 한다. 기자의 주관적 의견을 배제해야 하고, 거짓을 보도해서도 안 되며, 독자들이 사실에 위배되는 추론을 하게끔 글을 써서도 안 된다. 사건, 사고, 현상에 대해 기술하는 전형적인 보도 기사는 특히 '스트레이트'라고 하는 유형으로 일컬어진다. 기자의 주관을 배제하고 사실만을 가지고 육하원칙에 의해 간결하게 작성하는 것이다. 그런데 보통의 신문 기사들은 그 사안에 대한 분석, 해석, 의미부여 등의 언론 평가적인 덧칠을 필요로 한다. 이것은 자칫 독자들에게 어느 특정 관점을 요구하게 된다는 점에서 역기능을 가질 수도 있으나, 친절하게 독자들에 알 권리, 인식의 확장에 도움을 줘야 한다는 점에서 꼭 필요한 것이기도 하다.

보도 기사가 추구해야 할 가장 중요한 핵심은 '사실과 진실의 전달'이다. 사실과 진실을 전달하기 위해서 가장 중요한 것은 제대로 된 취재와 분석과 연구를 바탕으로 해야 한다는 점이다. 그리고 문장 표현 과정에서 사실과 진실이 왜곡될 수 있는 의미적인 함의가 표현된 것은 아닌지에 대한 의미론적인 고려가 이루어져야 한다는 점이다. 이 장에서는 좋은 보도 기사를 작성하기 위한 이야기를 해 보기로 한다. 특히, 취재 경쟁이 치열한 현대 사회에서 자칫 사건을 과대 포장하여 진실을 전하지 않는 채 사회적 이슈화에만 신경을 쓰는 면들이 종종 보이는데, 이러한 태도를 지양해야 하는 윤리적 관점에 대해서도 함께 생각해 보기로 한다.


## 01 | 보도 기사 이야기


세상의 많고 많은 일들 중에서 무엇이 보도 기사로 채택될 가치가 있는 걸까? 이경희(2006)에서는 "새로운 것이어야 하며, 의미가 있어야 한다."고 언급한다. 여기에 덧붙여, 사회인들이 꼭 알아야 하거나 두루 알면 좋을 내용이어야 할 것이다. 이러한 특성을 공적인 특성이라고 할 수 있을 것이다. '공적(公的)'이라는 것은 사사롭지 아니하고 널리 국가적·사회적으로 관계되는 것을 말한다. 그런데 어떤 일이 사회인이 두루 알아야 할 일일까를 결정하는 일이 쉽지는 않다. 공공의 보도 기사가 공적인 내용을 주로 담아야 한다는 관점에서 보면, 우리가 일상 속에서 나누는 사적인 얘기는 보도 기사 거리가 될 수 없다. 그러나 사적인 이야기라도 사회에 감화를 주거나 경종을 울릴 만한 가치가 있다면 보도 거리가 될 수 있다.

오택섭 외(2005 : 109~110)에서는 뉴스 가치에 대해 사용되는 일반적인 원칙을 소개하고 있다. 이 몇 가지 원칙을 참고로 하여 다음과 같은 특성을 제시해 본다.

## ■ 영향성(影響性)이 있는 것

그 사건에 의해 어떤 방식으로든지 영향을 받게 될 사람들 집합의 크기. 보도 기사를 실을 신문의 성격에 따라 독자층이 달라지므로 영향성도 달라진다.

**예**

- 남미지역의 무역협상보다 UR 협상이 우리나라에 미칠 영향력이 훨씬 크므로 뉴스가치 역시 더 높다고 할 수 있다.
- 스포츠 신문은 많은 팬을 확보한 운동경기가 영향성이 높다.
- 국내의 지역 사회에서 일어난 사건은 그 지역 주민들에게는 매우 중요한 일이 된다. 그러나 전국으로 확대하여 생각하면 영향성이 크지 않다. 그러므로 이러한 일들은 전국 신문에서는 실을 만한 것이 못 되나 지역 신문에는 좋은 기사 거리가 된다.

## ■ 시의성(時宜性)이 있는 것

시기적으로 적절한 성격을 말함. 발생 후 오랜 시일이 지난 사건보다는 가장 최근에 발생한 사건의 뉴스 가치가 높다. 그러나 역사성이 있는 사건은 오랜 시간이 흘렀어도 시의성이 있다.

**예**

- 최근의 일들이 뉴스거리가 된다. 사건, 출판, 공연 등의 발생 시점 당일의 일은 시의성이 있다.

• 그런데 오랜 시간이 지났어도, 날짜로 보아 의미 있는 경우에는 시의성이 있다. 6·25 한국전쟁 사건은 매년 6월 25일을 기하여 시의성이 높다. 미국의 앨커트래즈 감옥의 탈옥 사건이 1962년 6월 12일에 발생, 이 후 50년이 지난 2012년 6월 11일이 다가오면서 탈옥 3인의 이후 소식에 대한 궁금증은 시의성이 있다.

## ☐ 저명성(著名性)이 있는 것

세상에 널리 알려진 것을 말함. 유명인사와 관련된 사건이 저명성이 높아 뉴스 가치가 더 있다.

> **예**

• 평범한 가정주부가 약물복용 혐의로 구속되었다는 것보다 유명 연예인이 동일한 혐의로 구속되었다는 것이 뉴스 가치가 더 높다. 그러나 무명 인사가 어떤 기사에 의해 저명인사가 될 수도 있으니, 가령 '19세에 공무원이 된 한 소녀'의 이야기 같은 것이다. 곧, '저명성'도 하나의 요소이지만, '신기성'이라는 다른 요소에 의해 절대적인 것은 아니라고 할 수 있다.

## ☐ 근접성(近接性)이 있는 것

발생 지역이 물리적, 또는 심리적으로 가까운 것을 말함. 가까운 곳에서 발생한 사건이나 멀리서 일어났지만 한국 국민 등 동족감이 있는 대상과 관련되는 뉴스 가치가 높다.

> **예**

• 미국의 한 항공기가 우리나라 동해안에서 추락한 경우와 대서양에서 추락한 경우 중 전자가 물리적인 근접성이 있어 더 뉴스 가치가 높

다. 미국 항공기가 프랑스 공항 착륙 직전 추락했는데, 그 비행기 안에 한국인이 다수 탑승한 경우라면, 심리적 근접성이 있어 뉴스 가치가 높다.

## ☐ 신기성(神奇性)

새롭고 기이한 것을 말함. 일상의 일반적인 성격을 벗어나 새롭거나 이상한 요소가 있으면 그 사건은 뉴스 가치가 있다. "개가 사람을 물면 뉴스거리가 되지 않지만 사람이 개를 물면 뉴스가 된다."는 말은 신기성의 뉴스 가치를 논하는 데 많이 통용되는 금언이다.

**예**

- 1912년 4월 15일 타이타닉호의 침몰 사건에서 어떤 남자 승객들은 여성복장을 하고 구명보트에 오르려 했던 것이 신기성 측면에서 뉴스 가치가 있었다.
- 하버드 간 청소부 여고생 감동의 인생 역전─많은 하버드 대학 입학생이 있으나 특별히 어려운 인생 역경을 이겨낸 감동적인 실화의 주인공은 뉴스의 주인공이 된다.

## ☐ 갈등성(葛藤性)이 있는 것

집단이나 개인 간에 서로 이해관계가 달라 충돌하고 대립하는 것을 갈등이라고 함. 조화를 이루거나 별다른 일이 없어 평범한 것보다 갈등이 있는 사건이 뉴스 가치가 높다. 갈등이 포함된 사건은 언론의 보도에 흥미를 끄는 원인이 되기도 한다.

- 계속 평화 상태를 유지하고 있는 지역보다는 전쟁이나 갈등 상태가 지속되는 지역의 일이 뉴스 가치가 높다.

## ▣ 정보성(情報性)이 있는 것

어떤 문제 해결에 도움을 줄 수 있는 내용을 지닌 것을 정보성이 있다고 함. 위에 제시한 영향성, 시의성, 저명성 같은 것이 모두 정보성에 해당된다고 할 수 있다. 그런데 특히, 그 일을 알지 못하면 생활에 지장을 주게 된다든지 그 정보를 알고 있으면 생활 속에서 유용한 어떤 이점을 준다든지 하는 것은 정보성이 있다고 할 수 있다.

예

- 제품에서 유해 물질이 검출되었다든지, 신종 유행성 병이 돌기 시작했다든지 하는 것은 정보성이 높다. 금융 관련 고객 우대 신상품 개발, 또는 금융사기 관련 사례 등도 정보성이 높다.

## ▣ 사회 정의(正義) 실현의 가치를 갖는 것

'사회 정의'란 '사회를 구성하고 유지하는 공정한 도리'로, 사회 구성원들이 진리로서 공유해야 할 올바른 생각을 말함. 이 책의 1장에서도 강조하여 언급했듯이, 현대의 사회에 부조리한 현상이 너무나 많이 일어나고 있다. 사회가 그러하므로 언론 종사자들은 사건 취재에 의한 현상의 나열 정도로 보도하는 데서 그치지 말고 어떻게 하면 사회 정의를 실현할 수 있을까에 대해 고심하며 그 대책이 제시될 수 있도록 노력해야 한다.

- 사회에서 부정부패의 현장을 엄밀히 정확히 취재하여 보도함으로써 우리 사회에 준법정신을 심어주는 기사, 또는 공직자로서의 윤리를 검증하는 제도인 청문회가 자칫 정당 이기심에 의해 한 개인을 무참히 짓밟는 잘못된 결과를 낳기도 하는데 과연 청문회에서 평가하는 잣대와 청문 과정이 정당한지, 그리고 청문회를 통해 보도된 언론 기사들이 정당했는지에 대해 다시 한 번 객관적 검증을 하는 기사 등은 사회 정의를 실현하고자 하는 것이 된다.

이상의 몇 가지 기준에 의해 뉴스 가치가 높은지, 낮은지에 대해 판단할 수 있겠으나, 이제까지 언론의 역할이 과연 그렇게 바람직한 것이었나를 새삼 고민할 때 이 기준은 바뀔 수 있는 가능성을 다분히 내포하고 있다고 생각한다. 가령, 왜 조화를 이루는 갈등 없는 세상의 이야기가 뉴스 가치가 없다는 것일까를 반성해 볼 수 있다. 하도 갈등 많은 현대 사회에선 그것이 다시 새로운 가치를 내보일 수 있는 것이다. 유명한 사람의 이야기가 뉴스 가치가 높겠지만, 무명의 이름으로 선행을 행하는 사람들을 자꾸 찾아내어 이 사회에 알리는 것 또한 기자의 일일 것이다. 그것이 어쩌면 겉치레적이고 허영에 찬 것보다는 알맹이 있는 진실한 접근이 될 수도 있다. 보도 기사는 사회의 가치관과 문화를 주도적으로 이끌어간다는 점을 생각할 때, 관행에 의한 보도 기사 선택의 방식을 그대로 따르지 말고, 더욱 더 가치 높은 것이 무얼까에 대해서도 고민하는 기자가 되어야 할 것이다.[1]

---

[1] 여기서 '관행에 의한 보도 기사 선택'이라는 표현 자체가 또 다시 과일반화의 오류를 범하는 선입견이 될 수도 있다. 많은 훌륭한 기자 정신을 가진 종사자들이 최선의 보도 기사 취재와 작성을 위해 뛰고 있음을 부정하는 것이 아니다. 다만 자칫, 긍정적인 쪽보다

보도 기사는 그 주제나 소재가 무엇인가에 따라 유형을 나누어 그 특성에 대해 생각해 볼 수 있다. 이경희(2006 : 90~164)에서 소개한 분야별 보도 자료의 예를 참고하여, 보도 기사의 유형을 제시하면 다음과 같다.[2]

- 사건 보도 기사
- 행정·정책 보도 기사
- 정치 보도 기사
- 경제 보도 기사
- 의학·건강 부문 보도 기사
- 제품 출시 보도 기사
- 연예계 화제 보도 기사
- 공연, 콘서트, 전시회 등 행사 보도 기사
- 도서 보도 기사

이상의 여러 유형의 보도 기사 외에 다른 여러 가지가 있을 수 있다. 역사, 인물과 관련된 보도 기사도 있을 수 있고, 교육, 과학, 환경과 관련된 보도 기사도 있을 수 있다. 또한 이러한 여러 유형들이 서로 겹칠 수도 있다. 경제 보도 기사가 곧 사건 보도도 될 수 있고, 경제 보도 기사가 제품 출시 보도 기사가 될 수도 있다. 아니면, 전혀 새로운 접근으로서 '이것이 맞는 걸까, 저것이 맞는 걸까'를 판단해야 하는 다양한 문제들을 놓고

는 부정적인 쪽이 사회적 주목을 받기가 수월하고 특종 기사도 되고 하는 사회적 풍토를 지양하는 새로운 창의적 발견이 필요하다는 뜻으로 이해하면 좋을 것이다.
2) 이경희(2006)에서는 보도 기사 작성의 문제가 아니라 기사가 될 만한 보도 자료 만드는 문제를 설명하고 있다. 보도 자료란 기사화되기 전의 자료(글과 사진, 증빙물 등)로 주로 홍보인이나 취재 기사가 만들어내는 자료를 말한다. 기자들은 일차적인 보도 자료에서 기사 거리가 될 만한 것을 선택하여 기사를 작성한다.

그 진행의 과정을 따라가면서 보도하는 것도 하나의 기사 유형으로 자리매김 될 수도 있을 것이다.

위의 여러 보도 기사들은 각기 그 특성에 따라 어떤 신문의 어떤 난에 실리는 것이 좋을지가 결정된다. 가령 경제 보도 기사는 신문의 경제면에 실릴 것이다. 그러나 각 보도 가시의 성격에 따라 다양한 지면을 선택할 수도 있다. 가령 도서 보도 기사는 신문의 서평면, 생활면, 교육면, 사람면, 경제면, 미디어면, 학술면, 사회면, 각종 칼럼 등 책의 성격에 따라 지면 이곳저곳에 실릴 수 있다.

또한 보도 기사의 각 유형에 따라 반드시 중요하게 다루어야 할 요점들이 있다. 가령, 의학·건강 부문 보도 기사에서 계절성 질환은 계절에 맞게, 다이어트는 더운 여름이 시작되기 전 4월 정도에 다루는 것이 좋다. 또한 사건 보도 기사에는 '누가(who), 언제(when), 어디서(where), 무엇을(what), 어떻게(how), 왜(why)' 했는지 5W 1H의 요건이 들어가야 한다.[3]

보도 기사는 다음 장에서 이야기할 피처 기사와는 달리 실제 발생한 현실을 사실적으로 기술하는 것을 주된 목적으로 한다. 현실의 일을 두고서 새롭게 의미를 재구성한다든가 하는 피처 기사와 다른 점이다. 그런데 현실을 사실적으로 기술한다는 것이 매우 어려운 작업이기도 하다. 우리는

---

3) 이재경 편(2002 : 18)에서는 우리 신문의 문장 길이가 국어학자들이 제시한 신문기사 문장의 적절한 길이인 50자를 넘는 70.5자로 나타났다는 1990년의 연구 결과를 제시하면서, 특히 사회면 기사가 평균 81자로 길었다고 소개한다. 그리고 그 이유는 육하원칙에 맞는 표현 형태를 고수하는 우리 신문의 오래된 관행과 전통에 있다고 설명한다. 신문 문장의 리드는 짧아야 함에도 불구하고 육하원칙의 사항들을 모두 한 문장에 집어넣음으로써 빚어지는 결과라는 것이다. 그런데 최근 몇몇 신문사에서 기자들이 기사쓰기 관행을 깨는 노력을 하고 있는데, 반드시 첫 문장 안에 모든 사실들을 다 집어넣는 것이 옳은 기사쓰기의 방법이냐에 대한 반성과 그것을 벗어나려는 노력들이 포함된다고 언급한다.

늘 어떤 내용을 다른 사람에게 전달하고, 내가 누군가로부터 전달받은 사실을 또 다른 사람에게 전달하는 일을 하며 사는데, 그러할 때에 적지 않은 오해가 발생하는 경험을 흔히 한다. 아주 간단한 사적인 일일지라도 그러한데, 대중을 상대로 하는 보도 기사에서 어떤 일을 사실적으로 전달한다는 것은 얼마나 어려운 일인가에 대해 생각하면서, 보도 기사를 잘 쓰기 위한 여러 요건을 익혀보면 좋을 것이다.

## 02 | 좋은 보도 기사의 요건

그러면 보도 기사 실습을 하기에 앞서, 어떤 기사가 좋은 기사가 될 것인지에 대해 몇 가지 핵심적인 내용을 알아보기로 하자. 이 내용을 섭렵하면서, 각자 좋은 기사의 요건에 대해 생각해 보면 좋겠다.

간단하게 간추려 좋은 보도 기사의 요건을 말한다면 "정확하고 공정하며 객관적인 표현"이어야 한다는 점이 될 것이다. 이 기본 요건을 다음 몇 가지 내용으로 설명해 보기로 한다.

### (1) 사실을 진실성 있게 전달하는 기사

사실을 확인하고 추적하여 현실 세계의 상황과 어긋나지 않는 내용을 보도하는 것! 이것은 보도 기사 작성에서 지켜야 할 가장 핵심적인 요건에 해당된다. 보도 기사를 읽고서 독자가 잘못된 함축이나 추론을 하게 되면 안 된다. 그렇게 하기 위해서 가장 중요한 것은 기자가 우선 제대로 된 사실을 파악해야 한다는 점이다. 취재 방법 중에 삼각 취재라는 것이 있다. 이것은 어떤 내용에 대해 적어도 세 명 이상의 정보원을 확보하여 취재하는 것이다. 이렇게 하는 이유는 어느 한 쪽의 편견만을 취재해서는 진실성을 확보할 수 없기 때문에 그렇다. 특히 그 일에 갈등 구조가 있을 때에는 더욱 그러하다. 그렇게 함으로써 편견이나 작위적인 내용이 개입되는 것을 막을 수 있고 정보의 불완전성을 최소화하여, 그 일에 대한 자초지종을 제대로 전달할 수 있게 된다.[4)]

취재에서 어떤 내용을 확인할 것인가에 대해 취재원은 매우 종합적인 시각을 가지고 문제를 제기하면서 접근하는 일이 중요하다. 가령 홍수 기사나 시위 기사들을 보면, 전체 한국이 온 난리가 난 것과 같은 인상을 주게끔 기사를 작성하는 것은 사실성에 위배된다고 할 수 있다. 물론 기사 안에는 장소와 해당되는 사항에 대한 기술이 나와 있으나 그것을 실제로 보지 않고 기사로만 접하는 상황에서는 마치 전국이 난리가 난 것처럼 오해할 소지가 충분히 있는 것이다. 그러므로 이러한 오해가 발생되지 않도록 지혜롭게 기술하는 방식에 대해서도 고심할 필요가 있다.

다음의 두 기사를 보면, 하나의 사건을 보도할 때, 어떤 내용을 어떻게 보도하는가에 따라 독자들이 얻는 정보는 사뭇 달라짐을 알 수가 있다.

---

4) 과거와는 달리 보도 기사를 실을 수 있는 매체(예 : 인터넷의 보도 사이트)가 매우 많아지면서, 기자의 자질이 검증되지 않은 뉴스 전달자도 종종 있고, 이에 따라 공정하지 않은 보도를 하는 경우도 꽤 많아졌다. 어느 한 제보자의 제보만을 받고 기사화한다든가 하는 것이 그 예가 된다. 문젯거리가 되는 내용을 신속하게 보도하려는 의욕이 앞서면서 빚어지는 일이다. 어느 한 면만 보고서 판단을 해서는 절대로 안 되는 것이 세상일이고, 세상일에 대해 다양한 측면을 보거나 알 재간이 없다면 판단을 유보하면서 침묵을 하는 것이 차라리 옳을 것이다. 그러나 기자는 세상에 알려야 할 의무를 지니고 있는 사람이므로, 더욱 적극적인 삼각 취재를 함으로써 사실을 밝혀내야 하는 것이다.

  한국 아이스하키가 북한을 제압, 동메달을 추가했다. 한국팀은 13일 쓰기사무 실내링크서 벌어진 제2회 동계 아시안 게임 아이스하키 최종 경기서 북한을 6대 5로 제치고 1승 2패를 마크, 일본 중국에 이어 3위에 입상했다. 당초 열세가 예상됐던 한국팀은 이날 필승의 정신력으로 똘똘 뭉쳐 경기 초반부터 파상적인 공격을 펴던 중 3분쯤 첫 골을 성공시키면서 기세를 높였다.

— 조선일보, 1990. 3. 14.


  아이스하키 남북대결에서 한국이 예상을 뒤엎고 6대 5로 승리, 동계 아시아 경기 동메달을 획득했다. 한국팀은 13일 삿포로 쓰기사무 실내 링크에서 열린 북한팀과의 경기에서 초반 수비 치중에 기습공격 작전이 적중하면서 승세를 타기 시작, 한 차례의 동점도 허용하지 않고 경기를 끝냈다. 한국팀은 이로써 북한팀과의 대표대결에서 3승 1패로 앞섰다.

— 동아일보, 1990. 3. 14.


  위의 두 예문은 같은 경기에 대한 보도 기사로 김봉순(1999)에서 인용한 것이다. 두 기사문을 견주어 보면, 몇 가지 특징을 찾아볼 수 있다. 우선 경기와 관련하여 어떤 사항을 기사화했는가 하는 점이 다소 다르다. 〈조선일보〉는 '동메달 추가'라 표현하여 그 전의 실적이 있음을 암시한 반면 〈동아일보〉는 '획득했다'로만 표현했다. 〈조선일보〉는 이 경기의 우승으로 인해 1승 2패를 거두었고 경기의 순위는 일본, 중국, 한국인 것을 알리고 있고 〈동아일보〉는 그런 내용은 알리지 않고, 한국팀과 북한팀의 대표대결 성적이 3승 1패임을 알리고 있다. 두 신문에서 다룬 내용이 모두 사실인데, 제한된 지면에 어떤 내용을 싣는가 하는 점에서 독자의 이해가 매우 달라짐을 알 수 있다. 〈조선일보〉의 내용이 〈동아일보〉보다 관련 사실을 더욱 잘 알려준 것으로 생각된다. 경기의 흐름에 대한 기술도 매우 다르다. 〈조선일보〉의 기사는 경기 전의 예상, 그리고 초반의 3분까지의 경기 내용에서 그친다. 그런데 "초반부터 파상적인 공격을 퍼던 중 3분쯤"이란 표현에서 시작 3분간의 짧은 시간의 공격이 뭐 그리 파상 공격이었을까 하는 의아함도 들게 한다. 〈동아일보〉는 초반 수비 치중에 기습 공격 작전, 그리고 한 차례의 동점도 허용하지 않고 경기를 이끌어 갔음을 알리고 있다. 경기의 흐름에 대한 기술은 〈동아일보〉의 내용이 의도성이 있는 표현을 사용하지 않고 사실적으로 잘 기술한 것으로 생각된다.

또한 보도 기사의 제목을 정할 때도 그 내용을 제대로 대표하는 것으로 정해야 한다. 가령 아직 의혹 중에 있는 내용을 제목으로 등장시키면 독자들은 그 제목만 보고서 그 일이 사실인 것처럼 인식하게 되는 것이다. 제목에는 그 일이 조사 중이라든지 하는 내용을 싣지 못하고 간단하게 표현을 하게 되므로 사실의 전달로 탈바꿈하게 된다. 예를 들어 "A씨 자금 관리인 계좌에 50억 원"이라고 제목을 붙인다면, 이 사건은 실제로는 아직 수사 중이지만 독자들은 A씨가 숨겨 놓은 비자금이 나왔다는 내용으로 이해하게 되는 것이다. 또한 어느 작은 부분에 해당하는 것을 자칫 과장되게 표현하면 전체가 다 그런 것처럼 둔갑하기도 한다. 예를 들어, "로봇 의사 수술 척척"이라고 제목을 붙이면, 실제로는 충수염 수술에 성공한 내용을 보도하는 기사임에도 불구하고 로봇이 발명되어 많은 수술을 다 하는 내용이 되어 버린다.[5]

언론의 생명은 진실을 국민들에게 알려주는 데에 있음을 명심하며, 아무리 보도 시간이 급박하고 신속함이 생명이라 하지만, 사실을 다각적으로 확인하고 추적하여 정확한 내용만을 정확하게 표현하여 보도하는 정신이 필요할 것이다.

## (2) 지적 공감의 과정을 충실히 제공하는 기사

"우물 안 개구리에게는 바다를 이야기할 수 없다. 한 곳에 매여 살기 때문이다. 메뚜기에게는 얼음을 이야기할 수 없다. 한 철에 매여 살기 때문이다." 이 말은 조선일보에서 운영한 140자 트윗 독후감에서 인용한 것이다(조선일보, 2012. 6. 11. A23 참고). 그런데 '보도'라는 것은 사실 우물 안 개구리에게 바다를 이야기하거나 메뚜기에게 얼음을 이야기하는 상황이 되기 십상이다. 왜냐하면 정치, 경제, 역사 등 전문 분야에 문외한인 일반인들을 대상으로 하여 그들이 이해할 수 있는 기사를 쓰는 것이 바로 보도 행위이기 때문이다. 상황이 그러하므로, 보도 기사를 쓸 때에는 항상 일반인들의 눈높이를 배려하면서 내용을 작성해야 한다.

> **예**
>
> 북한 국가안전보위부 소속 여성 공작원이 탈북자로 위장해 국내로 잠입했다가 공안당국에 적발돼 구속됐다. (하략) 북한 국가안전보위부 = 우리의 국가정보원에 해당하는 기구.
>
> ─중앙일보 14729호 종합1면

---

5) 김미형(2011 : 81~150)에서 논리성에 대한 내용들을 정리하고 있다. 기사 작성에서 흔히 범할 수 있는 '성급한 일반화의 오류, 흑백 사고의 오류' 같은 것을 잘 숙지하여 두면 좋을 것이다.

위의 기사는 기사 중에 나온 단어를 기사 다음에 해설을 해 주는 방식으로 독자의 이해를 도우려고 단어 해설을 덧붙인 예이다. 이런 식으로 독자들의 이해를 돕기 위해 친절하게 해설을 하는 것도 지적 공감의 과정을 충실하게 이행하는 과정이 된다.

예

음악·미술·체육 전(全) 학년서 배운다

학생들의 학업부담을 줄이기 위해 시행 중인 '집중이수제'(특정 과목을 한 학기에 집중적으로 가르치는 수업방식)가 일부 개선될 전망이다. 교육과학기술부 관계자는 10일 "올해 2학기부터 음악·미술·체육은 집중이수제에서 제외하는 방안을 추진하겠다."며 "체육과 예술과목을 특정 학기에만 수업하는 것이 학생들 인성 함양에 좋지 않은 영향을 준다고 판단했다."고 말했다. 이에 따라 이르면 2학기부터 체육·음악·미술과목을 전 학년에 걸쳐 수업을 받도록 학교시간표가 다시 바뀔 것으로 보인다.

교육과학기술부와 한국교육과정평가원은 11일 '교육과정 개정 시안 공청회'를 열고 이 같은 내용의 집중이수제 개선방안을 논의할 예정이다. 공청회에서는 이 외에도 기존 체육 수업 이외에 '학교 스포츠클럽 활동'을 매주 1~2시간씩 추가 편성하는 방안도 논의한다.

— 조선일보 제28442호 A12 인용

위 기사에는 기사의 내용에 들어 있는 '집중이수제'에 대한 해설을 괄호 안에 적어 넣었다. 그리고 교육 과정의 변경에 대한 이유에 대해 교육과학기술부의 말을 인용하면서 차근차근 설명하고 차후 일정까지를 소개하고 있다. 이런 방식으로 기술된 기사는 독자들에게 새롭게 발생한 사안을 인지하고 잘 이해하는 데에 도움을 줄 수 있다.

구조 현장에 대한 보도 기사, 그 구조 현장을 지켜보는 세계인들의 주목, 칠레 국가의 분위기, 그간의 애환 등에 대한 다양한 기사들을 접하면서 대중들은 세상의 어느 곳에서 발생한 관심사에 대한 호기심을 해소한다. 좋은 보도 기사는 대중들의 궁금증을 풀어주는 기사, 가려운 곳을 긁어 주는 기사라고 할 수 있다. 그런 기사를 쓰기 위해서는, 같은 내용을 기술하더라도 대중들이 이 기사를 접하면서 궁금해 할 것이 무엇일까에 대해 역지사지(易地思之)의 입장에서 고려하면서 기사를 쓰면 좋을 것이다.

지적 공감의 과정을 더욱 충실히 이행하기 위해서, 위에 예든 것과 같이 독자들이 모를 사항들을 친절하게 알려주는 일뿐 아니라, 현재 우리 사회에 골 깊게 형성되어 있는 갈등에 대해서도 언론 종사자들이 적극 주목했으면 좋겠다. 좌파, 우파, 보수, 진보 같은 이념적 대립이 우리 사회에 짙게 깔려 있고, 각 소속 사람들은 상대방의 생각에 대해 대립적으로 배척만 하려고 하는데, 이제는 그 벽을 허물어야 우리 사회가 행복해질 수 있을 것이다. 그 벽을 허물기 위해서는 논리적으로, 이성적으로 대화를 전개하고 오류를 지적하고 인정하고 더 큰 대의를 위해 함께 공유하는 사고의 지경을 넓혀야 한다. 역사 속에서 이루어졌던 시대적 배경의 폭넓은 이해와 무조건 흑백논리로만 과오와 치적을 평가하는 어리석음을 지양하면서 합리적 지성을 공유해야만 우리 사회가 좋아질 수 있을 것이다. 이러한 일들을 앞장서서 해야 할 주체가 바로 언론이 될 것이다. 이러한 커다란 과제가 우리 앞에 놓여 있음을 늘 염두에 두면서 기자 활동을 해야 할 것이다.

## (3) 현상에 대한 의미를 올바르게 부여한 기사

어떤 현상에 대하여 제대로 의미를 부여하는 일은 결코 쉽지가 않다. 더 넓은 정보와 사유의 세계 속에서 그 현상의 위치와 의의를 가늠할 수 있어야 하는 문제이기 때문이다. 그러나 국민들의 알 권리를 존중하기 위해, 일반 국민들보다 훨씬 더 전문화된 시각을 가지고 있는 보도 종사자들은 이 일까지를 담당해 주어야 한다. 그렇게 해줌으로써, 국민들은 그 사건이 무엇을 의미하는지에 대해 인식할 수 있게 된다. 보도 내용에 대한 의미를 어떻게 부여하는가는 국민 개개인의 몫이라고 생각할 수 있다. 그러나 주관적인 판단이 개입되는 것 말고 많은 문제들은 전문가의 입장에서 국민들에게 알려줄 수 있는 의미 내용들을 가지고 있다.

**예**

　(앞의 기사 생략) <u>더 크게 보면 이번 사건은 빚에 의존해 쌓아올린 '부채 자본주의'의 바벨탑이 무너지고 있음을 보여주는 사건이기도 하다.</u> 스페인의 위기도 결국은 부채에서 비롯됐다. 스페인 국민은 1999년 유로존 가입 후 값싼 외국자금이 밀려오자 은행 대출을 받아 앞 다퉈 집을 샀다. 이는 부동산 붐으로 이어졌지만, 2008년 미국발 금융 위기가 터지고, 주택 가격이 고점에 비해 25% 이상 폭락하면서 모래성처럼 무너져 내렸다. (하략)

— 조선일보 제28442호 A1 인용


위의 기사는 스페인이 구제 금융을 신청한 상황을 보도한 후, 이 사건이 의미하는 바를 정의하고, 그렇게 보는 이유에 대해 서술하고 있다. 더욱 심층적인 해설과 의미 부여는 해설 기사에서 다룰 내용이긴 하지만,

일반의 보도 기사라 할지라도 어떤 사건이 일어났으면, 그 사건에 대해 국민들이 인식할 필요가 있는 의미 내용들까지를 기술해 주는 것이 바람직하다.

**예**

　미 국무부가 북한이 개정 헌법에서 '핵 보유국임'을 명시한 데 대해 절대로 수용할 수 없다는 입장을 밝혔다. 마크 토너 국무부 부대변인은 지난달 30일(현지시간) 정례 브리핑이 끝난 뒤 열린 기자간담회에서 "미국은 북한을 절대로 핵 보유국으로 인정할 수 없다는 입장을 오랫동안 유지해 왔다."고 강조했다. (중략) 토너 부대변인은 "2005년 9·19 공동선언에는 북한이 모든 핵무기와 핵 프로그램을 폐기하도록 규정했다"며 "우리는 북한이 이 약속을 지켜야 한다는 입장을 변함없이 유지해오고 있다"고 못 박았다. 이어 "미 정부는 유엔 안보리 결의에 포함된 모든 국제 의무를 북한이 이행해야 한다는 점을 계속 요구하고 있다"고 거듭 강조했다. 그는 "북한 지도부는 매우 냉혹한 선택에 직면해 있다"며 그들의 정책을 냉정하게 검토하고, 도발 행위를 중단하고, 핵보유국이 되려는 야욕에 앞서 주민들을 먼저 챙기고 국제사회에 동참해야 한다"고 말했다.

　한국 정부도 31일 "북한은 핵 보유국 지위를 가질 수 없다"고 일축했다. 조병제 외교통상부 대변인은 이날 정례 브리핑에서 '북한의 핵 보유국 헌법 명기'에 대한 공식 입장을 묻는 질문에 "핵 보유국 지위는 핵비확산조약(NPT)상 규정에 따르는 것인데 북한은 스스로 NPT 회원국이 아니라고 부인하고 있다"며 이 같이 밝혔다. 조 대변인은 "더욱이 북한은 9·19 공동성명에 따라 일체의 핵 개발 계획을 스스로 포기한다고 국제 사회에 약속했고, 두 차례 유엔 안보리 결의에 의해서도 핵무기 개발을 할 수 없도록 돼 있다"고 강조했다. 이어 "북한이 국제법을 계속 위반하면 결국 북한의 국제적 고립만 더 심화시킬 것이고, 민생 향상 등 당면 문제 해결을 더욱 어렵게 하는 결과를 초래할 것"이라고 말했다.

— 중앙일보 제14729호 종합 1~2면

위 기사는 북한의 헌법 개정 중 '핵보유국'임을 명시한 조항에 대한 미국 정부와 한국 정부의 입장에 대한 기사이다. 기자 간담회를 통해 이에 대한 공식입장을 묻는 기자들의 질문과 그에 대한 답변의 내용이 주된 기사 거리가 된다. 이 기사를 통해 북한의 내부 사정을 왜 다른 나라가 관여하면서 통제를 하고 있는지에 대해서 독자들은 이해하게 된다. 가장 근본적으로는 세계의 핵 확산을 방지하고자 하는 세계의 노력에 있다는 점이 될 것이고, 또 하나는 북한이 엄청난 돈이 소용되는 핵을 보유하고자 하는 동안 주민들은 생계조차 어렵게 허덕이는 비인권적 상황이 지속됨을 세계가 방관하면 안 된다는 점이 될 것이다. 기사를 통해 독자들은 그 사건의 의미가 무엇인지를 제대로 판단할 수 있게 된다. 그렇게 되도록 기자들은 그 사건의 핵심적이고 근본적인 의미 내용을 잘 담아내야 한다.

동일 사건을 두고서도 보는 사람의 관점에 따라 매우 다른 해석이 내려질 수가 있다. 그러므로 보도 기사를 취재하고 작성하는 사람은 사건의 올바른 의미 전달을 위해 애써야 한다. 관점은 주관에 따라 다를 수 있지만, 어떤 관점이 올바른 것인지 대중들의 공감대가 형성될 수 있는 어떤 기준은 분명히 존재할 것이다. 그러므로 한 사회 안에 매우 다른 취향과 사상을 가진 사람들이 공존하고 있다 하더라도 제대로 된 시각을 부여해 주는 기사를 쓰기 위해 투철한 기자 정신을 가지고 노력해야 한다.

## ⑷ 자초지종을 친절하게 알려주는 기사

제한된 지면에서 여러 가지를 모두 언급하기는 어렵겠지만, 사실의 전달이라는 것이 자초지종을 차근차근 얘기하지 않으면 자칫 오해가 일어나기 쉽다는 점을 생각할 때, 되도록 어떤 기사를 다룰 때에 처음부터 끝까지의 맥락을 알 수 있도록 내용을 충실하게 구성하는 것이 필요하다.

**예**

SK 그룹 고위 관계자는 7일 "터키 1위 기업인 도우시 그룹으로부터 현지 반도체 공장 건립에 대한 제안을 받고 구체적인 추진 방안을 마련 중"이라고 말했다. 제안은 최태원(52) 회장이 지난 달 30일부터 7일간 태국과 터키 현지를 방문해 정·재계 인사들과 만나 사업협력 방안을 논의하는 자리에서 받았다. 도우시 그룹의 샤헨크 회장이 최 회장에게 반도체 생산설비 건립을 요청했다는 것이다. 도우시는 SK와 반도체 분야 제휴를 통해 새로운 성장동력을 얻고자 요청을 한 것으로 알려졌다. SK는 터키가 유럽으로 향하는 관문이라는 점에서 현지 생산공장 건설을 유력하게 검토하고 있다. 현재 SK하이닉스는 유럽 지역에 생산거점이 없다. 경기도 이천과 중국 우시(無錫) 등에 생산 공장을 갖고 있을 뿐이다.

투자 규모나 공장 입지는 정해지지 않았다. 업계에서는 SK와 도우시가 직접 투자해 합자회사를 만들기보다는 펀드를 조성한 뒤 여기에 두 회사가 지정한 금액을 출연하는 방식을 택할 것으로 보고 있다. 이렇게 할 경우 별도의 회사를 세우는 것보다 인허가 절차가 훨씬 간략하다는 이유다. (하략)

― 중앙일보 제14735호 E1

위 기사문에서 첫 문장만이 관계자의 발표를 취재에 의해 작성한 것이 된다. 그 다음 문장에서는 발표된 내용에 대한 보충 설명이 된다. 그리고 그 일은 어떤 의의를 지니고 있는지에 대해서도 언급하고 있다. 또한 투자 방식에 대한 내용을 언급한 후, 그 방식이 갖는 장점에 대해서도 알려 준다.

대부분의 공식 보도지에서 기사문을 쓰는 일반적인 사항들은 대체로 잘 지켜지고 있다. 그런데 현대 사회에서 보도의 관점을 이기적인 사욕을 채우려는 데에 목적을 두고 이러한 일반적 상식을 지키지 않아 많은 오해를 낳는 경우들이 종종 있으므로, 특히 강조하고자 하는 것이다.

하나의 사건은 그 전후 문맥을 가지고 있다. 그런데 독자들은 그 사실에 대해 모르기 십상이다. 그리고 전후 문맥을 모르고 당장 해당되는 내용만을 알았을 때, 그 진실의 가치는 180도로 바뀔 수도 있다. 우리의 일상생활에서도 그러하다. 가령 "엄마, 진영이가 나를 막 놀렸어."라고 억울해 하는 아이의 말을 듣고 진영이가 나쁘다는 판단을 하기는 어렵다는 것이다. 만일, 이 아이가 수시로 진영이를 놀려댄 전행이 있고, 진영이가 그 행위를 금하기 위해 '너도 한 번 당해봐야 알지.'라는 심정으로 한 번 놀린 상황이라고 한다면 잘잘못의 여부는 상당히 달라질 수 있는 것이다.

기자는 기본적으로 전체를 두루 망라하여 생각할 수 있는 통찰력과 그 전체 속에서 구조와 논리를 바르게 볼 수 있는 합리적 사고력을 가지고 그에 대한 자초지종을 친절하게 설명할 수 있어야 한다. 그것이 기자의 기본 자질이 될 것이다. 기자를 지망하는 사람이라면, 이러한 기본 자질을 갖추기 위해 특별히 세상 돌아가는 일에 대해 세심한 관심을 가지고 많은 정보를 인식하는 노력을 해야 할 것이다. 나아가 인식뿐만 아니라 그 내용을 제대로 글로 담아낼 수 있는 문장력도 길러야 한다.

홍성호(2000 : 411)를 참고하면, 1947년 허친스 보고서 '자유롭고 책임 있는 언론'은 "미디어는 단편적인 사실의 나열만으로는 진실에의 접근에 부족함이 있기 때문에 전체적인 맥락에서 해석적으로 보도할 필요가 있다"고 권고하고 있다. 아주 중요한 사항이므로 철저하게 의식하고 있어야 할 것이다.

### (5) 연상적 어감에 의한 오해가 일어나지 않는 기사

하나의 사실을 두고서 어떤 문장 표현을 하는가에 따라 독자의 입장에서 그 내용을 받아들이는 느낌은 매우 달라질 수 있다. 우리 말 표현의 '아' 다르고 '어' 다른 특성을 십분 염두에 두어 최대한 객관적인 입장에서 기사를 쓸 수 있도록 노력해야 한다.

  a. 진씨는 2개월 사이에 논과 밭 가리지 않고 6,000평을 사들였다.
  b. 진씨는 작년 9월에 논 4,000평, 작년 10월에 밭 2,000평을 샀다.

위의 두 문장은 같은 사실을 두고서 비난의 어감을 두고 작성한 경우와 객관적으로 사실을 기술한 두 경우를 보여준다. (a)처럼 기사를 쓰면 재산 모으기에 혈안이 된 파렴치한 사람이 물불 안 가리고 혈안이 되어 있는 상황이라는 점을 암시한다. 그런데 정황은 (b)의 내용이다. 그렇다면 (a)의 기사에서 추론될 수 있는 논과 밭을 수시로 매우 여러 번 산 것처럼 느껴지는 것은 사실에 안 맞는 것이다. 표현을 어떻게 하는가에 따라 독자들은 매우 다른 판단을 할 수가 있다. 보도 기사는 객관적 사실을 특별한 어감을 주지 않는 중립적 언어 표현으로 기술하는 데에 충실해야 한다. 비난을 위한 감정적 표현을 하면 안 된다.

**예**

> 유로존 4위의 경제대국 스페인이 결국 구제 금융을 신청했다. <u>변방에서 시작된 유럽 위기의 불이 중심부로 옮겨 붙기 시작한 것이다.</u>
>
> 스페인 정부는 9일(현지 시각) 구제금융을 유럽연합(EU)에 신청했고, EU는 이를 받아들여 최대 1000억 유로(한화 146조원)를 스페인의 부실 은행들에 지원하기로 했다. 그리스, 아일랜드, 포르투갈에 이어 유로 존 네 번째 구제금융이다. (하략)
>
> ─ 조선일보 제28442호 A1

위의 기사에서 '변방'과 '중심부'의 개념이 그 정의도 모호하며 이 문맥에서 굳이 등장할 필요가 있는지 의문이 간다. 경제의 중요도에 의해 그렇게 비유할 수도 있겠고, 유럽의 경제 위기에 대한 강조를 하려는 의도를 읽을 수도 있겠으나, 굳이 이러한 비유를 함으로써 표현 의미를 명확하지 않게 하는 결과를 낳는다.

보도 기사의 글쓰기 방식은 소설이나 수필 등 다른 장르의 글 작성 방식과는 매우 다르다. 화려한 수식이나 독자의 감정을 자극하는 어휘를 사용하는 것은 금물이다. 이러한 글쓰기는 구체적인 사실 관계와 유기적으로 연동하지 못하면서 정보의 가치를 떨어뜨린다. 구체적인 정보가 명확히 제시되면서, 간결하여 읽기 쉽고, 그 내용을 통해 독자들이 사실 인식에 가장 근접할 수 있는 글쓰기가 되어야 한다.

**예**

　중소기업들은 금융실명제 때문에 돈이 돌지 않아 우후죽순격으로 쓰러져가고 있다.

— 한국일보, 1997. 4. 9.

　위 예문은 이재경 편(2009 : 19)에서 제시한 것인데 '우후죽순'은 막 일어나고 있는 모습에 대한 표현이므로 기업이 쓰러져가고 있는 모습과 어울리지 않는다. 의미적으로도 맞지 않으나, 중소기업이 쓰러져 가는 모습을 이렇게 비유적으로 표현한 것도 적당하지가 않다고 생각된다. 왜냐하면 하나의 작은 회사가 무너지는 순간은 매우 짧을지라도, 아무리 작은 회사라할지라도 그 회사의 종사자가 몇이며 무너지기 전 과정은 얼마나 지난했을까를 생각한다면 그렇게 가볍게 기사를 쓸 수는 없는 것이다.

**예** 대학들은 어물쩍

　대학들은 복수국적자 허용의 문제점을 뒤늦게 발견했지만 아직 대책을 내놓지 못하고 있다. 대교협은 대학들과 해결책을 논의하겠다고 밝혔다. 복수국적자의 입학을 제한해온 고려대 입학처 관계자는 "복수국적자들은 한국 국적을 이용해 재외국민전형에 지원하거나 다른 조건에 맞춰 입학해야 한다"고 밝혔다.

— 국민일보 쿠키뉴스, 2010. 7. 13.

　위의 보도 기사의 제목에서 '어물쩍'이란 표현은 말이나 행동을 일부러 분명하게 하지 아니하고 적당히 살짝 넘기는 모양을 뜻하는 단어로, 마치 대학들이 지켜야 할 것을 안 지키면서 무언가를 숨기고 있는 상황을 표현하는 것이 된다. 그러나 기사의 내용은 대책을 논의하여 시행하겠다는 입장인데 그런 식으로 대상에 대한 비난의 뜻을 담아 제목으로 붙인 것은 많은 오해를 불러일으킬 소지가 있는 것이다.

우리말에는 어떤 단어를 쓰는가에 따라 내포적인 의미를 가지고서 사실에 대한 이해를 무척 다르게 하는 경우가 많다. "30원을 썼다"라고 표현하는 대신에 "30원이나 썼다"라고 표현하면 30원 쓴 것이 굉장한 무엇인 것처럼 표현하는 것이 되어 받아들이는 느낌은 매우 달라진다. '이겼다'라는 표현 대신에 '제압했다'라고 표현하면, 위엄이나 기세가 아주 센 것으로 표현이 되어 상대방의 가치를 낮추는 내포적 어감을 갖게 된다. 보도 기사에서 이러한 내포적인 어감을 많이 갖는 단어를 선택하는 것은 그리 바람직하지 않다. 공정한 시각에서 사실을 판단하여 구체적이고 객관적인 표현을 하도록 최대한 신경 써야 한다.

### (6) 법제성(法制性) 및 사회성을 고려한 기사

보도 기사가 지켜야 할 또 하나의 요건은 법제성과 기사문이기 때문이 꼭 지켜야 할 요건으로 '법제성 및 사회성'을 더 언급할 필요가 있다. '법제'란 법률과 제도라는 뜻으로, 법적으로 지정되어 있는 내용에 대해 고려하는 것을 법제성이라고 할 수 있다. 보도 기사를 쓸 때, 신문 윤리 규정 및 법적인 금제(禁制) 사항에 해당하는 표현은 없는가를 살피는 일이 중요하다. 사회성도 법제성의 범주 내에서 함께 얘기될 수 있는 것으로, 신문에서의 표현이 사회적으로 문제가 되는 것은 없는가를 고려하는 것을 말한다.

언론 윤리와 관련하여 김영욱(2004)에서는 "위험한 물질을 취급하는 사람들은 그에 따른 면허와 자격증이 필요하다. 아무나 독극물이나 폭발물을 취급할 수는 없다. 기자가 다루는 '물질' 또한 위험물이다. 언론은 기본적으로 어떤 사실이나 의견을 공개적으로 알리는 일을 하고 있다. 언론이 다루는 물건은 해당되는 사람에게 때로는 독극물이 될 수도 있고 사회적으로 폭발적 결과를 낳을 수도 있다. 언론은 때로는 사람을 '죽이기도' 한다. 언론이 이런 면허를 받을 수 있는 자격이 되는가의 중요한 기준의 하나가 언론윤리이다. 교통규칙을 모르면서 단지 자동차를 빨리 몰 수 있는 사람은 유능한 운전자가 아니라 위험천만한 사람이다. 마찬가지로, 특종을 하고 독자의 관심을 집중시키는 기사를 쓰는 기자라고 하더라도 언론윤리를 고민하고 지키지 않는다면 유능하기보다는 위험천만한 인물이다."라고 언급하고 있다.

언론이 윤리적으로 지켜야 할 규정들을 마련해 놓은 것으로 신문윤리강령(新聞倫理綱領)이 있는데, 이것은 신문으로서 갖추어야 할 윤리 기준과 행동 규범 따위를 표명한 것이다. 1957년 전국의 신문사 및 통신사의 편집인들이 모여 제정하고 채택함으로써 시작되었으며 1996년에 개정되었다. 현재 7개조의 신문윤리강령과 17개조의 신문윤리실천요강이 있다. 신문업계의 자율규제기구인 신문윤리위원회가 규제의 근거로 사용하고 있다.

이 내용 중에는 기자는 개인이나 단체를 저속하게 표현하여 명예를 훼손하면 안 되고, 성범죄, 폭력 등 위협적이거나 비윤리적 행위를 보도할 때에 음란하거나 잔인한 내용을 포함하는 등 선정적이거나 저속하게 표현해서도 안 된다는 것 등이 들어 있다.

우리 사회에서 한 대상을 어떻게 부르는가에 대한 인식이 역사적으로 변화해 왔다. 예전에는 '장애자'라는 단어를 썼었는데, '자'의 한자어가 '놈 자(者)'여서 비하의 의미가 있음을 인식하여 '장애인'이라는 단어로 표현을 바꾸었다. 그러다가 한 때 장애인도 우리와 다를 게 없는 우리의 친구라는 내포적 의미를 넣어 '장애우'라는 표현을 쓰기도 했다. 그러나 '장애인'과 '비장애인'으로 특정 구분을 하는 게 맞으며 편견을 없애자고 만든 말이 오히려 특정한 동정을 가지고 불러주자는 말이 되므로 편견을 불러온다는 점도 인식되었다. 또한 '나는 장애우입니다.'라고 본인이 본인을 지시할 때에 어법이 맞지 않으며, '장애인 복지, 시각 장애인, 청각 장애인' 등과 같은 단어 구성에 장애우가 잘 어울리지 않으므로 '장애인'이라는 표현을 다시 쓰고 있다. 또 한 예로, 2002년도에 '살색'이라는 색깔 표현이 인종 차별을 가지고 온다는 진정서가 받아들여져서, 산업자원부 기술표준원이 '살색'을 '살구색'으로 바꾼 것은 하나의 표현이 가지고 올 수 있는 인종 차별을 방지한 예가 된다.

공적인 보도 기사에서 쓰지 말아야 할 금기어로는 속어, 은어, 방언 등 품위를 벗어나거나 조직어 등 특정 집단·계층에만 적용되는 말, 사회적 약자를 비하하거나 성차별을 유발할 수 있는 말 등이 있다.6)

---

6) 특정 이데올로기에 따른 금기어도 있는데 이것은 어찌 보면 또 하나의 편견이라고 간주할 수 있다. 예를 들어 김정은 정부에서는 '자본주의'라는 단어를 금기시한다거나 여당에서 '촛불'이라는 단어를 금기시한다거나 하는 것은 매우 주관적인 관점에서 바라보는 금기어이므로 언론 윤리와 관련되는 것은 아니다.

## (7) 글쓰기의 일반적 원칙을 잘 지킨 기사

보도 기사도 역시 글의 한 종류로서, 일반적인 글쓰기의 원칙을 잘 지켜야 하는 것은 당연한 의무 사항이 된다. 글쓰기의 일반적인 원칙을 잘 지킴으로써, 독자들이 이해하기 쉬운 글이 나올 수 있게 된다. 이러한 요건들에 대해 언급하기로 한다.

### ① 독자들이 읽기 쉽도록 쓴다

어떤 보도 기사든 독자들이 문장을 읽어 내려갈 때, 쉽게 이해될 수 있도록 쓰는 것은 문장 작성의 제1원칙이라고 할 수 있다. 쉬운 문장을 쓰기 위해서는 작성자의 세심한 노력이 필요하다. 거칠게 작성된 초고로부터 문장 이해에 문제가 없는가에 초점을 맞춘 단어 표현, 구절 표현에 대해 정밀한 교열 작업을 할 필요가 있다.

읽기 쉬운 문장이 되기 위해서, 일단은 쉬운 어휘를 선택해야 한다. 또한 문자 표기에서 순 한글을 쓰되, 의미의 혼동이 일어날 때 한자나 영어를 소괄호나 대괄호 속에 넣어 이해를 돕는 것이 좋다.7) 예를 들어 "美 경기부양 기대감에 세계 증시 모처럼 웃다", "中, 고구려가 쌓은 성까지 만리장성 포함", "北 전문가라는 교수가…"와 같이 한자를 섞어서 쓰는 신문이 있는데, 이것은 "미국, 중국, 북한"으로 고쳐 쓰면 의미의 혼동 없이 잘 이해될 수 있을 것이다.8) 비록 기초 한자이긴 하지만 한자 실력이

---

7) 괄호 안의 한자어나 영어 등이 바깥 말과 음이 같을 때에는 소괄호(( ))를 쓰고 괄호 안의 말이 바깥 말과 음이 다를 때에는 대괄호([ ])를 쓴다. (한글맞춤법 부록 문장부호 참고)

8) '국어기본법 제14조 (공문서의 작성)'에서는 "공공기관의 공문서는 어문규범에 맞추어 한

없는 사람도 한글을 알면 신문을 읽을 수 있도록 보도 기사를 써야 한다. 또한 어휘의 선택도 되도록 우리말을 중심으로 해야 한다. 예를 들어 "그 걸 남들에게 쇼업하고 싶은 거고"라는 문장에서 '쇼업'은 '과시'라고 쓰면 이해하기가 훨씬 더 쉬울 것이다.

쉬운 표현의 예를 몇 개 더 들어보기로 한다. 이 예는 〈국립국어원 (2010), 한 눈에 알아보는 신문언어 바로쓰기〉에서 인용한 것이다.[9]

**예**

| | |
|---|---|
| 회동하다 → 만나다 | 회동 → 만남 |
| 증원하는 → 늘리는 | 개회하면서 → 열리면서, 시작되면서 |
| 신장된 → 증가된, 늘어난 | 동기 → 같은 기간 |
| 정차한 뒤 → 차를 세운 뒤 | 조속히 → 빨리, 즉시, 신속히 |
| 의거 → 따라, 근거하여 | 가급적 → 될 수 있으면 |
| 판이하게 달라질 → 크게 달라질 | 지양해야 → 피해야 |
| 금통위 → 금융통화위원회 | 마인드 → 의식 |
| 브로슈어 → 안내 책자, 안내서 | 글로벌 → 세계, 세계적 |
| 리셉션 → 축하연, 초대연 | 루머 → 소문 |
| 리드한다 → 이끈다, 주도한다 | 체크할 것 → 살펴볼 것 |
| 네티즌 → 누리꾼 | 리후렛 → 리플릿 → 광고지 |
| 팀웍을 → 팀워크를 → 결속력을 | TF팀 → 특별팀 |
| PF → 프로젝트 파이낸싱(PF) | |

글로 작성하여야 한다. 다만, 대통령령이 정하는 경우에는 괄호 안에 한자 또는 다른 외국문자를 쓸 수 있다."로 되어 있다. 언론보도가 공공기관의 공문서는 아니지만, 공공성을 띠는 문서에 해당되는 것이므로 이에 준하여 기사를 작성해야 한다. 따라서 괄호 안에 넣지 않은 채 한자나 영어를 표기하는 것은 옳은 방법이 아니다.

9) 이하 글쓰기 원칙의 10개 요건을 언급하면서 든 예들도 거의 대부분 국립국어원(2010)의 자료를 인용한 것이다.

위의 예들을 보면, 모두 어려운 한자어나 영어 표현 대신에 우리 말 표현으로 바꿈으로써 훨씬 자연스럽고 쉽게 이해되는 효과가 있음을 알 수 있다.

## ② 1문장 1정보의 단문을 쓴다

이 사항도 역시 크게 보면, 위에서 살펴본 "독자들이 읽기 쉽도록 쓴다."에 해당하는 것이다. 장문이 되면 독자들이 읽기 어려워하게 된다. 중간에 문장을 수식하는 관형구나 관형절이 많다거나 하면, 문장의 주어와 술어의 호응 관계를 파악하기가 어려워진다. 되도록 하나의 정보를 한 문장에 담는 분절 인식을 가지고서 문장을 쓰면, 길이가 짧아질 수 있다. 신문기사의 경우, 한 문장의 길이는 50자가 적당하다고 할 수 있다. 1999년 조사에 의하면, 중앙지 6개 신문 문장의 평균 글자는 70.5자였으며 특히 사회면 기사가 평균 81자로 긴 것으로 나타났다(이재경 편, 2002 : 18). 그 이유는 한 문장 안에 육하원칙 관련 내용을 다 집어넣어 글을 쓰려다보니 그렇게 문장이 길어지게 되었다는 점이다. 다음의 문장을 보면서 육하원칙의 내용들이 어떻게 구성되면서 문장이 분절되고 있는지를 잘 알 수 있을 것이다.

**예**

국내 대형항공사와 저가항공사들 간에 명암이 크게 갈리고 있다. 대한항공과 아시아나항공은 올 상반기 실적이 부진한 데 반해 저가항공사들은 고공 비행을 이어가고 있어서다.

— 중앙일보 제1519호

위 예의 각 문장들은 하나의 정보를 가진다고 할 수 있다. 앞, 뒤의 두 문장을 이어서 써도 안 좋고, 뒤의 문장을 두 문장으로 갈라 써도 안 좋다. 앞의 문장은 어떤 사실에 대한 해석에 해당하고 뒤의 문장은 그 해석의 이유에 해당된다. 또한 뒤의 문장은 두 개의 구절로 이어지고 있는데 이 두 구절은 한 문장 안에서 상반된 대조적 의미를 표현함으로써 하나의 이유를 구성하고 있다.

③ 쉽게 풀어 쓴다

한국어는 한자어로 이루어진 단어가 많아서 자칫 어려운 표현을 구사하기 일쑤고 문장 구조상 관형어를 씀으로써 문장 관계에 대한 이해를 어렵게 하는 경우가 많다. 다음의 예들을 보면, 이런 어려운 표현을 풀어 쓰거나 문장 구조를 바꿈으로써 오히려 더 쉬운 이해를 유도하는 문장이 될 수 있음을 알 수 있다.

예

추가 대출 지원 방안→대출을 더 늘려 주는 방안
유지 중이다→유지하고 있다
작업이 진행중이다→작업을 진행하고 있다, 작업을 하고 있다
원칙에 따른 조기개발 유도를 위한 것→원칙에 따라 조기 개발을 유도하려는 것

위의 예들에서, '추가 대출 지원'을 '대출을 더 늘려 주는'과 같이 한자어를 풀어서 표현하고, 관형형으로 구속 관계에 있는 것을 부사형으로 풀어 서술함으로써 이해하기 쉽게 되었다.

④ 간결하게 쓴다

앞의 요건이 쉽게 풀어 쓰는 것이라면, 여기서 지적하고자 하는 것은 길게 쓴 것을 간결하게 바꾸는 것이다. 어찌 보면 이 두 요건은 상충되는 것이 아닌가 생각할 수 있다. 그런데 예들을 잘 살펴보면, 필요 없이 한자어로 압축한 것을 풀어 서술할 필요가 있으나 아래 예들처럼 잉여적인 표현이 들어 있는 것은 간결하게 줄여 표현하는 것이 좋음을 알 수 있다.

> **예**
> 경로를 통해 → 경로로
> 6자회담 재개와 경제적으로 협력하는 문제 → 6자회담 재개와 경제 협력 문제
> 위한 방안으로 → 위해
> 북한으로의 반출을 허용하도록 → 북한에 반출할 수 있도록
> 지원했는데도 불구하고 → 지원했는데도
> 확장공사를 실시하다 → 확장공사를 하다
> 수개월 시간이 걸리는 → 수개월이 걸리는
> 협의를 벌였다 → 협의했다
> 책을 쓴 저자 → 저자
> 대한적십자사 채널을 통해 → 대한적십자사를 통해
> 그 담긴 의미가 다르다 → 그 의미가 다르다
> 시행에 들어갈 → 시행할
> 야구판에 있어서도 → 야구판에서도

위 예에서, 고치기 전의 표현과 고친 후의 표현을 비교해 보면, 간결해지면서도 그 뜻의 표현이 줄어들지 않았다. 한자어 표현 대신 고유어 표현을 쓴 경우도 있고, 의미적으로 잉여적인 표현을 줄인 경우도 있다.

⑤ 의미적 호응 관계가 이루어지도록 쓴다

구절의 표현에서 각 단어가 뜻하는 의미가 서로 겹치거나 안 맞는 경우에 문장 표현이 어색해진다. 그런 걸 피하기 위해서는 단어 간의 의미적 호응 관계가 잘 들어맞는지를 살펴야 한다.

**예**

거의 희박하다 → 희박하다, 거의 없다
두 달여 동안 실사를 마친 뒤 → 두 달여 동안 실사를 한 뒤
자칫 은행 부실화가 우려된다 → 자칫 은행이 부실화될 수 있다
의견 교환을 나눈다 → 의견 교환을 한다
시멘트가 시급하다 → 시멘트가 시급히 필요하다
정부 예산 지원을 받고 → 정부의 예산 지원을 받고, 정부로부터 예산을 지원 받고
의혹에 반박 자료 → 의혹에 반박하는 자료

위의 예에서 '거의 희박하다'는 '희박하다'에 이미 '거의'라는 뜻이 포함되어 있으므로 다시 '거의'라는 표현을 할 필요가 없는 것이다. 다음 예에서 '동안'이라는 표현은 무엇을 진행하는 기간에 해당하지 마치는 시점의 표현이 아니므로 '마친'이라는 표현과 어울리지 않는다. 또 그 다음 예에서, '자칫'은 '어찌 되다'라는 뜻을 가진 서술어와 결합해야 자연스럽다. 마지막 예에서 부사어 '의혹에'와 호응하는 서술어가 필요하므로 '반박하다'로 바꾸어 표현하는 것이 옳다.

⑥ 피동문을 많이 쓰지 않는다

국어 문장에서 피동문(被動文)은 피동사가 서술어로 쓰인 문장으로 '도

둑이 경찰에 잡히었다.', '아기가 엄마에게 안기었다.' 따위이다. 이런 표현은 문장에서 행위를 하는 능동적인 주체를 드러내지 않으므로 전달하는 정보에서 주체가 빠지는 결과를 갖게 된다. 예를 보기로 한다.

**예**

감사가 시작될 → 감사를 시작할　　노래가 보급되고 → 노래를 보급하고

예측됐다 → 예측했다　　　　　　결과가 얻어질 → 결과를 얻을

요구된다 → 필요하다

위 예들은 모두 피동 표현으로 쓰여서, 감사를 누가 시작하는지, 노래를 누가 보급되는지, 누가 예측을 하고 누가 결과를 얻는지, 누가 필요로 하는지에 대한 정보가 빠져 있다. 이런 신문 기사는 매우 무책임한 정보 전달 태도가 된다. 정확히 누가 무엇을 했다는 정보 전달을 하는 것이 좋을 것이다. 물론 신문 기사에서 어떤 것은 너무나 당연히 그 주체자가 인식되고 입음을 당하는 대상이 주제로 부각되는 경우도 있다. 그런 경우를 제외하면 되도록 능동문을 쓰는 것이 좋다.

### ⑦ 담백하게 쓴다(감성적 용어 사용의 지양)

주관적·감성적 용어보다는 객관적·이성적 용어를 사용한다. 특히 선동적 표현의 함정을 경계한다. 화려한 수사(修辭)보다는 담백한 사실 진술이 기사 문장의 기본이다. 흔히 자유주의 신문 이론이 지고의 가치로 내세우는 객관성이니 불편부당성(不偏不黨性)이니 하는 명제들의 실현은 한편으로 보면 흥분하지 않고 얼마나 합리적이고 이성적인 말을 쓰느냐의 여

부에 달린 것이다. 기자는 주관을 배제하고 객관적 입장을 유지하면서 정확한 사실을 보도하는 기사를 써야 한다.

## ⑧ 신문 기사의 문체 유형을 고려하여 쓴다

신문 기사 문장의 양식은 기술문이다. 기술문(記述文)이란 대상이나 과정의 내용과 특징을 있는 그대로 열거하거나 기록하여 서술한 글을 말한다. 신문의 보도 기사에 주로 사용되는 종결어미는 일반적으로 예사체이다. 예를 들어 '말했다. / 내려간다. / 전향했다'처럼 쓴다.

- 그런데 요즘에는 신문 기사의 형식을 독자들과 더욱 친근하게 다가서는 효과를 노려, 경어체를 사용하기도 한다. 일반적인 사건 보도 기사에서는 예사체를 주로 쓰지만, 해설 기사라든가 기획 기사 같은 특정 란에서는 독자들과 대화를 나누는 듯한 문체를 구사할 수 있다.
- 환율 제도는 어떻게 다르고 장단점은 무엇인가요?
  그리스에 이은 스페인 경제 위기로 요즘 환율이 들썩이고 있습니다. 세계경제가 불안정해지면 국가별로 처한 경제 상황에 따라 그 나라의 통화 가치가 달라지게 되고, 각국 화폐 간 교환 비율인 환율도 변하게 되겠지요. 하지만 환율 제도는 나라마다 달라 환율을 외환시장 상황에 맡겨 두기도 하고, 정부가 환율 변동을 제한하는 경우도 있습니다. 그렇게 된 데에는 모두 이유가 있습니다. 오늘은 각국이 선택하고 있는 다양한 환율 제도의 종류와 장단점, 변천 추이 등을 알아보겠습니다. (하략)

  —조선일보 제28440호

위 예는 일반적인 신문 기사 문장과는 다르게 경어체를 사용하고 있다. 위에서도 언급했듯이 독자에게 친근하게 다가가는 효과가 필요한 경우에 이런 문체가 구사될 수 있을 것이다. 그러나 아직 대부분의 신문 문체는 예사체로 쓰는 게 더 적절하다. 제한된 신문 지면에 더 많은 정보를 싣기 위해서는 더 짧은 표현이 선호되기 때문이다.

⑨ 한글 맞춤법에 어긋나는 점이 없도록 교정을 철저히 한다

틀린 글자, 빠진 글자, 곧 오·탈자(誤脫字)를 비롯해 규정과 어법에 맞지 않는 표기나 표현을 수정하는, 글자와 부호 중심의 작업을 교정(校正)이라 하고, 내용을 살피면서 '문장론적 수정'을 통해 기사의 완성도를 높이는 과정을 교열(校閱)이라 한다. 교열 작업은 위의 몇 요건에 이미 포함되어 있다. 가령 간결하게 쓰고 쉽게 풀어 쓰고 의미 호응이 잘 되도록 쓰고 피동문 표현을 지양하는 일 들이 바로 교열을 하는 과정에서 진행될 수 있다. 여기서는 최종적으로 빠진 글자는 없는지, 틀린 글자는 없는지, 띄어쓰기가 잘 되었는지를 살피는 교정에 대해 언급하기로 한다.

먼저 틀린 글자의 몇 예를 들어보기로 한다.

> **예**
>
> 걷잡을→ 걷잡을                    이어질런지는→ 이어질는지는
> 하얼빈에 들려→ 하얼빈에 들러      배추값→ 배춧값
> 설립키로→ 설립하기로, 설립기로    투자를 늘여가는→ 투자를 늘려가는
> 훈련을 치루기로→ 훈련을 치르기로  칠흙→ 칠흑
> 금새→ 금세                        초콜렛→ 초콜릿
> 스탠포드대→ 스탠퍼드대

위 예들은 묘하게 잘 틀릴 수 있는 오자의 예들이다. 한글맞춤법, 외래어 표기법에 규정으로 제시된 것들도 있으나, 그렇지 않는 것들도 있다. 글쓰기를 할 때, 글자를 맞게 썼는지를 검토할 장치는 충분히 있다. 기본적으로 문서 작성 소프트웨어에서 지원을 하고 있으며, 국립국어원의 홈페이지에 마련되어 있는 표준국어대사전에 표제어 검색을 통해서도 바른 글자를 알 수 있다.

다음은 띄어쓰기를 잘못 한 예들이다. 한국어의 어문 규정 중 하나인 한글맞춤법에서 띄어쓰기는 제5장에 들어 있다. 기본적으로 각 단어는 띄어쓰기를 하고 다만 조사는 붙여 쓴다. 그런데 어떤 게 한 단어인지에 대한 인식이 불분명하면, 이 규정을 적용하기가 매우 어렵게 된다. 다음 예들을 보면서, 띄어쓰기의 바른 방법을 생각해 보기로 하자.

**예**

| | |
|---|---|
| 살다시피하기도→살다시피 하기도 | 3월말까지→3월 말까지 |
| 35개지구→35개 지구 | 두번째→두 번째 |
| 올해들어→올해 들어 | 이같은→이 같은 |
| 커진데다→커진 데다 | 12개월내→12개월 내, 12개월 안에 |
| 21년만에→21년 만에 | 20분간→20분 간 |
| 이밖에→이 밖에 | 다되다→다 되다 |
| 600여개→600여 개 | 놀림삼아→놀림 삼아 |

위 예들은 띄어 써야 할 것을 붙여 쓴 예들이다. '하다'는 '공부를 하다'와 같이 목적어를 수반하여 동사로 쓰이기도 하고 '공부하다, 오뚝하다'와 같이 일부 명사는 의성어, 의태어 뒤에 붙어 접사로 쓰이기도 한다.

동사로 쓰일 때에는 앞 말과 띄어 써야 하고 접사로 쓰일 때에는 앞 말과 붙여 써야 한다. 동사는 하나의 단어로서 지위를 갖고 접사는 앞 말과 붙어서 비로소 기능을 하는 의존형태소이기 때문이다.[10] '살다시피 하다'는 '살다'라는 동사에 '다시피'라는 어미가 붙어 '살다시피'라는 동사의 활용형이 되었으므로, 뒷 말 '하다'는 또 하나의 동사 표현으로 간주해야 한다. 그러므로 띄어 쓰는 것이 맞다. '3월 말'에서 '말'은 '어떤 일의 마지막'을 뜻하는 의존 명사로서 앞 말과 띄어 써야 한다. '35개 지구'에서 '개'는 단위를 세는 의존 명사로서 앞 말과 띄어 쓰는 것이 원칙이지만 숫자와 어울릴 때에는 붙여 쓸 수 있다. '지구'는 하나의 명사이므로 앞 말과 띄어 써야 한다. '두 번째'에서 '번'은 일의 차례를 나타내는 의존 명사로, 앞 말과 띄어 쓰고, '째'는 차례의 뜻을 더하는 접미사이므로 '번'에 붙여 쓴다. 이런 식으로 각 표현들이 띄어 써야 할 단위인지를 분간하여야 한다.

반면에 다음의 예들은 붙여 써야 할 것을 띄어 쓴 예들이다.

**예**

밤 사이 → 밤사이　　　　　　　올 여름 → 올여름

불러 일으킬 → 불러일으킬　　　정책 상 → 정책상

어떤 영향을 미칠 지 정부가 검토 → 어떤 영향을 미칠지 정부가 검토

지난 달 → 지난달　　　　　　　또 다시 → 또다시

이 날 → 이날　　　　　　　　　궂은 일 → 궂은일

오래 전 → 오래전　　　　　　　듯 하다 → 듯하다

---

10) 의존형태소란 다른 말에 의존하여 쓰이는 형태소를 말하며 어간, 어미, 접사, 조사 따위가 있다. 이 중, 조사는 하나의 단어 기능을 갖는 것으로 문법에서 간주하지만 역시 앞 말과 붙여 쓴다. 어미와 접사는 단독의 단어 기능이 없으며 따라서 앞 말과 붙여 쓴다.

위 예들은 붙여 써야 할 것을 띄어 쓴 예들이다. '밤'과 '사이'는 각 단어로서 기능을 하지만, '밤사이'가 합하여 하나의 명사가 되었고 사전의 표제어에도 나와 있다. 우리말에서 어떤 것이 하나의 명사로 인정되는지를 구분하기가 다소 어려운 면이 있다. 똑 같은 구성을 가지고 있어도 어떤 것은 단어로 인정하여 사전에 실어 놓고 어떤 것은 그렇지 않은데, 물론 '일상어에서 많이 쓰이는가?' 등의 일정 기준에 의해 판단된 것이기는 하지만, 일일이 사전에서 검색해 봐야 정확한 띄어쓰기를 할 수 있다는 어려운 점이 있다. 예를 들어 '화나다'는 사전에 등재되어 있으나, '신나다'는 사전에 등재되어 있지 않으므로 '신 나다'와 같이 띄어쓰기를 해야 한다.

위의 예에서 '불러일으키다'는 하나의 동사로 사전에 등재되어 있다. '정책상'에서 '상'은 접미사로 앞 말과 붙여 쓴다. '지'는 '내가 학교를 졸업한 지 삼 년이 되었다.'와 같이 어떤 일이 있었던 때부터 흐른 시간을 뜻할 때만 의존 명사로 기능하며 그렇지 않을 때는 어미로 기능한다. 그러므로 '미칠지'는 붙여 쓰는 것이 맞다. '지난달', '또다시', '이날', '궂은 일', '오래전'과 같은 경우, 모두 두 개의 단어로 분리될 수 있으나 하나의 단어로 사전에 등재되어 있는 예들이다. 그러므로 붙여 써야 한다. '듯하다'는 하나의 보조형용사이므로 붙여 쓴다.


이상에서, 좋은 보도 기사의 요건을 살펴보았다. 매우 많은 요건들을 고려해야 함을 볼 수 있었다. 글쓰기가 이미 그리 쉽게 완성될 수 있는 작업이 아닐진대, 신문 기사 쓰기는 더더욱 힘든 작업이다. 그럼에도 불구하고 글쓰기는 우리가 완성해야 할 과제이다. 혹자는 "글쓰기, 가장 사람다운 일이 아닌가 생각한다."라고 했다. 이 말은 글쓰기를 제대로 하기 위해 애 쓰는 과정이야말로 사유의 능력을 소유한 인간이 할 수 있는 최고 지성의 작업이라는 말로 이해된다. 우리 사회에서 문필의 힘은 매우 막강하다. 이러한 힘을 지닌 문필가가 되는 것, 매우 매력적인 목표이다. 글쓰기 능력을 기르는 일이 매우 어렵고 쉽게 도달되지 않는다 할지라도 인내심을 가지고 목표를 향해 꾸준히 정진한다면 결국 그 목표점에 도달할 수 있을 것이다.

## 03 | 보도 기사 실습

이상에서 언급한 좋은 보도 기사의 요건을 염두에 두면서 이제 실제의 연습을 해 보기로 한다. 보도 기사의 생산 과정은 "정보를 수집하는 취재"와 "정보를 전달하는 보도"로 구분된다.

### (1) 취재 기획

취재 기획은 어떤 것을 언제 어디서 취재할 것인지에 대한 기본 계획을 세우는 것을 말한다. 취재 기획을 하기 위해 담당자들이 기획 회의, 또는 아이템 회의를 하게 된다. 이 회의에서는 무엇을 취재할 것인지, 언제 할 것인지를 정하게 되는데, 기사가 실릴 지면이 일간지라면 기사가 나올 기관의 출입처들, 해당 공보실이나 홍보실 등의 다음 날 일정과 예상되는 사건, 기획 기사 거리를 고려하면서 취재 기획을 한다. 기사가 실릴 지면이 주간잡지라면, 한 주간의 어느 일정 요일 정해진 시간에 그러한 회의가 진행되면서 취재 기획이 수립된다.

이 기획 과정에서 계획되는 주제들은 새롭고, 구체적이고, 독자와 밀접한 것이어야 하고 영향력이 있을 것들이 되어야 한다. 그 주제들이 그런 면에서 좋은 특성을 지니는지를 사전 조사하기 위해 정보공개시스템 (https://www.open.go.kr)이나 투명사회를 위한 정보공개센터(http://www.opengirok.or.kr) 등의 사이트 검색도 하고 혹시 기존에 이미 얘기된 것은 아닌지를 검색하기 위해 미디어 가온(http://www.kinds.com)을 뒤져 볼 필요도 있다.

취재 기획이란 것이 급작한 사건이 발생했을 경우에는 사전에 진행되지 못한 채 바로 취재 현장으로 뛰어 들어야 할 경우도 많다. 그런 때에는 취재 시작이 된 후에라도 그와 관련된 구체적 계획을 세울 수 있으면 좋다. 미리 계획을 하건, 갑자기 취재를 하게 되었던 간에, 왜 이 기사를 써야 하는지 명확하게 숙지할 수 있어야 하며, 취재원과 취재처의 리스트를 작성하여 취재의 우선순위를 미리 결정해 두는 것이 좋을 것이다. 취재 전에 미리 파악될 수 있는 정보는 가급적 미리 파악하여 더욱 구체적이고 알찬 정보를 취재할 수 있도록 만전을 기해야 한다.


## (2) 취재 활동

'취재'란 '기자가 가능한 모든 방법을 동원해 대중에게 알릴만한 내용을 수집하고 확인하는 행위'이다. 취재를 손쉽게 할 수 있는 곳으로 일단

'출입처'를 생각할 수 있다. '출입처'는 기자들이 드나들면서 취재 거리를 전해 받을 수 있도록 국회, 청와대, 토지개발공사 등 각 기관에 언론사와 기관의 쌍방 협의하에 설치되어 있는 곳이다. 기본적으로 대부분의 기자들은 이곳에서 보도할 만한 정보를 얻곤 한다. 한국과 일본의 언론은 주로 이 출입처 개념의 취재 방식을 많이 쓴다고 한다. 기관별로 설치된 출입처를 활용하는 것이다.

그러나 이 출입처에서 나오는 내용은 누구나 공유할 수밖에 없는 취재 거리가 된다는 점에서 신선하고 새로운 콘텐츠를 발굴할 수 있는 적소는 되지 못한다. 출입처에 안주하다가는 좋은 기사 거리를 놓칠 수가 있는 것이다. 출입처의 기사를 참고하면서도 인맥을 개발해 정보를 얻거나 출입처가 제공한 보도 자료의 내용을 검토하면서 추가 자료를 적극 발굴하는 것도 중요하고 출입처에서 나오지 않은 새로운 보도 자료를 구하기 위해 직접 발로 뛰는 현장 탐방도 겸행해야 한다. 특히 지역신문사는 출입처에서 나올 만한 정보의 양이 충분하지 않을 수도 있거니와, 직접 지역 특색에 맞는 보도 자료를 발굴해야 하는 사명감이 있으므로 출입처 밖에서 주요 취재 거리를 찾는 활동을 할 필요가 있다. 미국의 비트 개념의 취재 방식을 활용하여 전방위적인 취재 활동을 벌이는 것도 좋다. 가령, 환경 담당 전문 기자라면, 출입처에 안주하지 않고 각 곳의 환경 관련 장소를 찾아가면서 취재를 해야 하는 것이다.

또한 자신이 속한 언론사의 뉴스만을 추적하는 것이 아니라, 다른 매체가 보도한 내용도 파악하면서 그 전체적인 경향성을 확인하면서 올바른 시각을 유지해야 한다. 그리고 인터넷에 회자하는 의견도 주의 깊게 관찰해야 한다. 자신의 취재 분야와 연관된 각종 전문 뉴스레터에 회원으로 가입하여 자료를 지속적으로 받아 보는 것도 취재에 도움이 된다.

취재 현장에서는 '관찰, 논리적 검증' 두 개념에 신경을 쓰면서 취재를 해야 한다. 상황의 발생을 수동적으로 받아 적는 것이 아니라, 능동적인 취재를 해야 한다. 그렇게 하기 위해서는 취재원이나 취재처의 설명을 듣기만 할 게 아니라 의문을 해소할 수 있도록 질문하고, 현장에서 항상 의문을 가지면서, 그 의문에 대한 취재를 병행해야 한다. 그래야 사실의 발견이 더욱 구체적으로 이루어질 수가 있다. 또한, 취재진의 동선만 따라다니지 말고 개별적으로 현장 구석구석을 돌아다니며 취재할 필요가 있다. 그리고 반드시 다른 취재원의 확인을 거치는 등 크로스 체크를 함으로써 그 정보 내용의 신뢰도를 높인다. 만일 양쪽의 입장이 다른 내용이 있으면, 반드시 추가 취재를 통해 어떤 입장이 사실과 부합하는지를 알아내어 정보의 완성도를 높여야 한다.


## (3) 기사 편집

취재 활동을 직접하는 일선 기자와 취재 기자가 취재를 한 다양한 내용을 받아서 신문이나 잡지에 올린 보도 기사로 다시 재편집하여 완성하는 사람이 바로 편집 기자이다. 일선 기자와 취재 기자는 편집국 내의 정치, 경제, 문화, 사회 등 각 맡은 분야의 취재를 담당하여 정보를 서술해 오면, 편집국 내의 한 부서인 편집부에서 그것을 놓고 제목을 붙이고 내용을 정리하고 단락을 나누면서 보도 기사를 작성하는 것이다. 일차 취재 기사를 재편하여 기사다운 기사로 변화시키는 것이다. 그런 점에서 편집국 내의 편집부는 기사 작성의 중심부 위치에 있다고 할 수 있다.

보도 기사의 틀은 '제목, 리드, 본문'으로 구성되므로 각각에 대해 살펴보기로 한다.

① 제목

보도 기사는 그 내용에서도 공정성과 공익성이 잘 갖추어져 있어야 하지만, 제목에서도 이 점을 철저히 갖추어야 한다. 독자들의 주목을 끌기 위해 자칫 낚시성 제목을 붙일 수도 있는데, 요즘 바쁜 현대인들의 신문 읽기는 대충 제목만 훑고 짐작을 하면서 끝내는 경우도 많으므로, 제목이 잘못 붙여져 있어도 기사를 통해 이해할 수 있으려니 하는 생각은 하면 안 된다. 요즘 'headline shopper(신문제목소비자)'라는 용어도 등장했는데 이것은 신문 기사에서 제목의 중요도가 더 커졌음을 의미하는 것이다.

보도 기사의 제목은 기사 내용에 대해 어긋남 없이 알려주되, 개괄성과 동시에 핵심 정보를 표현해 주어야 한다. 큰 제목과 작은 제목 두 종류를 사용할 수 있는데, 각각 1행 정도의 길이가 적당하다. 지면이 제한된 일간 신문의 보도 기사에서는 작은 제목을 생략하기도 한다. 큰 제목에서는 더욱 핵심적인 것을 제시하고 큰 제목에서 함께 언급하지 못한 내용을 부가적으로 작은 제목에서 언급할 수 있다. 다음에 제시하는 것은 큰 제목의 예이다.

**예**
- LG 유플러스 "무료전화 전면 허용"
- SK, 3억달러 들여 호주 가스전 개발

- 무료 전화 후폭풍… 통신망 비용은 누가 대나
- 승부근성 강한 최지성 앞세워… 삼성, 또 확 바꾼다
- "소외된 마음들 끌어안아 주고 싶었어요"
- 전교생 770명이 애국가 4절까지 다 불러요
- SK "이 없으면 잇몸으로"

—조선일보 제28440호

위의 제목들을 보면, 기사의 중요 내용을 기자가 요약하여 제목으로 드러내는 것도 있고, 문제성 있는 내용인 경우 물음을 던지는 형식을 취할 수도 있으며, 중요한 인용을 제목으로 끌어오기도 함을 알 수 있다.

② 리드

'리드(lead)'란 '이끄는 문장이나 단락'이란 뜻으로 독자들이 기사를 보기에 앞서 핵심적이거나 종합적인 것을 먼저 간단히 볼 수 있도록 작성해 놓은 것을 말한다. 예를 들어 보자.

**예**

선장 출신으로 대기업 일군 김재철, 반도체 책 외워 1등 만든 최지성,
"일 싫으면 떠나라" 위기 파도 넘은 동력은 기업인들

—조선일보 제28442호 A35

위 예는 "한국 경제의 버팀목 '지독한 CEO들'이라는 제목의 오피니언 기사의 리드 문장이다.

일간 신문의 짧은 기사에서는 리드 기사가 따로 마련되지는 않는다. 제

한된 지면이라는 상황이 리드 문장도 쓰고 다시 본문도 쓰는 등의 허용을 하지 못하기 때문이다. 그러나 특별히 많은 지면을 할애할 수 있는 경우에는 리드 문장을 쓴다. 이때에 리드 문장을 통해 독자의 시선을 끌어 그 기사에 관심을 가지게 만들 필요가 있다. 리드 문장은 큰 집에 들어가기 전에 문을 열고 들어서는 현관에 해당한다고 보면 좋을 것이다. 현관에 들어서면서 이 집에 들어가면 중요한 키워드와 관련하여 다른 무엇이 또 있을까 호기심도 가지고 그 호기심을 충족할 수 있으리라는 기대감도 가지게 된다. 그러한 역할을 할 수 있도록 리드 문장에 더욱 신경 써서 맛깔나면서도 의미 있는 정보를 담을 필요가 있다. 그러나 보도 기사의 리드 문장은 피처 기사의 리드 문장과는 달리, 역시 보도 기사 문장에 맞는 특성을 띠도록 써야 한다. 한 예를 보자.

**예**

교육인적자원부는 지난 정기국회에서 「학교보건법」이 개정됨에 따라, 신체검사의 건강 검사 개선, 학교환경위생정화구역 내 금지 시설 명칭 구체화, 새학교증후군의 주범인 휘발성 유기화합물 관리 항목 신설, 각 시·도 교육감 직속 학교보건위원회 설치 등을 골자로 하는 학교 보건 사업을 강화해 나가기로 했다고 10일 밝혔다.

위의 리드는 기사의 내용을 종합적으로 요약하는 형식으로 작성된 것이다. 이에 따라 본문에서는 건강 검사 개선, 학교 주변 금지 시설 명칭 구체화, 휘발성 유기화합물 관리 항목 시설, 지역의 학교보건위원회 설치 등을 설명해 나가면 될 것이다.

그런가 하면, 중요 정보만을 리드 문장에 넣을 수도 있다.

**예**

　　교육인적자원부는 피부 및 호흡기 질환의 원인으로 지적된 페인트, 접착제 등의 학교 건물 사용 제한과 각종 세균에 대한 관리 기준 책정을 골자로 하는「학교보건법」개정안을 시행키로 했다고 10일 밝혔다.

　위의 리드는 "휘발성 유기 화합물 관리 항목 신설"을 가장 중요한 사실로 잡고 이에 집중해 리드를 구성한 것이다. 앞의 리드 문장과 비교하면, 종합적 사항을 다 싣지 않고 중요 사항만을 소개한 것이 된다. 이런 식으로 리드를 작성할 경우, 본문에서는 먼저 이에 연관된 정보를 집중하여 기술해야 할 것이다. 그리고 만일, 이렇게 시작된 기사에 다른 내용을 추가하고 싶다면, 휘발성 유기 화합물 관련 정보에 대한 설명을 모두 마친 뒤, 줄을 바꿔, "한편 교육부는 학교 주변 시설 금지 목록 중 그동안 용어 문제로 논란이 되었던 '극장'을 '영화 상영관'으로 대체, 학교 환경 정화 시행에 구체성을 기하기로 했다."는 문장을 넣고, 공간이 허락한다면 그에 대해 설명을 하면 된다. 즉, 가장 중요한 정보만을 소개하는 리드를 쓴다면, 본문에서 해당 정보에 대해서만 설명하고, 추가적인 내용을 전달하고자 한다면 '또, 한편' 등 정보 전환의 표현을 사용해 다른 정보를 넣는 형식을 취하는 것이다.

③ 본문

　본문은 기사의 본체에 해당된다. 그 기사에 종합적으로 정리된 리드 문장이 있으면, 리드에서 소개한 내용의 순서에 따라 그 내용을 보완, 설명하는 구도를 갖출 것이다. 만일, 리드에서 중요 사항만을 말한 경우라면, 본문에서는 그에 대한 기술을 먼저 하고 연관된 다른 내용들을 '한편'과 같은 전환의 표현을 넣어 기사를 이어 작성하면 될 것이다.

본문 작성에서는 역삼각형 글쓰기 방식을 취하는 것이 좋다. 역삼각형 글쓰기란 중요한 주제를 먼저 말하는 두괄식 문장, 그리고 중요한 내용을 더 많이 말하고 중요하지 않은 것은 뒤로 미루면서 내용도 적게 다루는 것을 말한다. 바쁜 현대인들에게 중요한 정보를 먼저, 그리고 더 많은 양으로 제공하는 것이 더 바람직하기 때문이다.

본문을 작성할 때, 앞에서 설명한 좋은 보도 기사의 요건을 지키면서 기사를 작성하는 것이 중요하다. 즉, 사실을 진실성 있게 전달할 수 있도록 작성해야 하며, 지적 공감의 과정을 충실히 제공해야 한다. 또한 현상에 대한 의미를 올바르게 부여할 수 있도록 해야 하며 연상적 어감에 의해 오해가 발생하지 않도록 해야 한다.

기사 본문의 몇 예를 보기로 한다.

**예**

30m 떨어진 거리에서 올려다 본 높이 ○○m의 충무공 동상 전체(밑단 ○○m, 전신상 ○○m)는 검푸른 청동의 색체가 뚜렷했다. 오후 10시 동상의 광화문 쪽 발밑 ○○m² 면적에 가지런히 퍼진 ○○개의 분수에서 물이 솟자, 동상 주변에 몰려 있던 시민 약 ○○명의 입에서 탄성이 터졌다. 지름 ○○m의 분수에서 높이 ○○m로 솟아오른 물은 때맞춰 비친 무지개색 조명을 반사하며 동상의 청동빛을 일곱 가지 색채로 변화시켰다.

위 기사는 2009년도의 광화문 광장 개장 시의 취재 기사이다. '멋있다'라고 한 단어로 밋밋하게 묘사할 수도 있는 것에 대해 세부적 묘사를 함으로써 그 모습에 대해 독자들이 훨씬 더 잘 알 수 있도록 해준다. 그런데 과연 어느 정도로 세세한 묘사를 하는 것이 좋을까에 대해서는 기자에 따라 매우 주관적으로 판단할 수 있다. 지면의 분량에 따라 조절되는 것이긴 하지만, 현실 세계를 전달하기란 아무리 많은 분량을 써도 모자라는 것이므로, 어느 정도의 골격으로 어떤 살을 붙여서 기사를 작성하는가 하는 점이 매우 어려운 작업이 될 수 있다.

사건의 자초지종에 대해 기술할 때에도 그렇다. 우리가 자기가 한 일을 말할 때에도 "아침에 학교에 왔어."라고 간단히 말할 수도 있고, "아침에 알람 소리에 깨서 세수하고 밥 먹고 학교에 왔어."라고 얘기할 수도 있고, "아침에 알람 소리가 한참 울린 후에야 겨우 일어나 졸린 눈으로 겨우 세수하고 밥 먹고 학교 오는데 버스가 늦게 와서 고생하며 왔어."라고 더욱 세세하게 얘기할 수도 있다. 그러므로 사건을 보도할 때, 과연 어떤 내용을 기술하는 것이 좋을지에 대해 고민을 해야 하는데, 그 사건을 취재하면서 느낀 중요한 점들을 중심으로 자연스럽게 기술하면 좋을 것이다. 이 사건에 대해 사람들이 궁금해 할 것이 무엇인지도 추측하면서 역시 본문의 중심에는 그 사건의 골격이 잘 갖추어져서 세워져야 하고 거기에 세부적인 살을 붙이면서 기사의 완성도를 높여야 할 것이다.

보도 기사를 작성할 때, 적절한 인용을 함으로써 생생한 현장감을 주는 것도 좋다. 예를 들어, "○○○은 '……'라며 '……'라고 말했다."와 같은 형식을 취할 수도 있고 "한강 수질 관련 정보를 매년 측정해 환경부에 보고하는 ○○○ 기관에 따르면 ……"와 같이 기술할 수도 있다.

기사의 예를 보면서 제목과 리드 문장, 기사 본문에 대해 익혀보면 좋을 것이다.

💬 **천안지역 전통시장 상인 절반 질병 시달려**

충남 천안지역 전통시장 상인 가운데 절반가량이 고혈압 등 각종 질병을 앓는 것으로 나타났다.

7일 천안시 동남구 보건소에 따르면 지난해 8월 31일부터 12월 7일까지 백석문화대와 상명대 간호학과 실습생과 함께 남산중앙시장, 공설시장, 지하상가 상인 206명을 대상으로 건강 실태조사를 한 결과 51.4%인 106명이 질환 진단을 받았다.

질환별로는 고혈압이 67명으로 가장 많으며 당뇨병 28명, 이상지질혈증 3명, 심장병 2명, 기타질환 14명 등이다.

또 이들 가운데 절반 가까운 87명(42.2%)은 평소 건강관리로 약물복용 이외에는 전혀 하는 것이 없다고 답해 대책 마련이 요구되고 있다.

시는 조사 결과 전통시장의 소규모 영세상인들이 바쁜 일과 탓에 평소 건강관리를 소홀히 하는 것으로 보고 매월 전통시장 건강관리의 날을 운영하는 등 전통시장 활력화에 나서기로 했다.

김영애 동남구 보건소 건강증진팀장은 "전통시장에 종사하는 상인 상당수가 고령자이고 건강을 챙길 인식과 여유가 부족하다"며 "운동과 영양, 금연에 대한 교육과 홍보활동을 강화 예방 가능한 질환 발생을 줄이도록 하겠다"고 말했다.

— 천안 연합뉴스, 정태진 기자, 2013. 1. 7.

다음 기사는 학생 실습 기사의 한 예이다.

**⟨예⟩ 상명대 취업역량강화 취업캠프 개최**

상명대학교가 '2012 동계 취업역량강화 취업캠프'를 오는 26일에서 28일까지 2박 3일간 천안 인근 연수원에서 진행한다고 밝혔다. 이번 행사는 재학생들에게 취업 시장의 전반적인 흐름을 알려주고, 입사서류 작성에서부터 면접에까지의 실전 프로그램을 통한 자신감 향상을 위해 마련됐다. 취업캠프는 환경변화에 따른 성공적인 취업준비, 직무 맞춤 입사서류 작성법 및 클리닉, 합격이미지 만들기, 유형별 면접 준비 전략, 면접 역할극, 실전모의면접이란 강의주제로 나뉘어 진행된다.

'환경변화에 따른 성공적인 취업준비'를 주제로 하는 강의에서는 채용시장에 대한 이해와 분석 및 성공적인 취업전략, 스펙 분석 대비전략을 구축할 수 있도록 도울 계획이다.

'직무 맞춤 입사서류 작성법 및 클리닉' 강의에서는 자기분석을 통한 이력서와 자기소개서 작성 전략을 제공하고 우수 입사서류 샘플을 제시하여 보여준다. 또한 캠프 참가자들의 희망 직무·기업에 맞게 입사서류를 작성법과 팀별 이력서·자기 소개서 클리닉이 이루어진다.

'합격이미지 만들기' 강의에서는 성공하는 이미지 분석 및 현재 자신의 이미지 분석이 진행된다. 이외에도 면접 시 필요한 자세와 인사법, 옷차림 등 실전에서 쓰일 수 있는 면접 요령을 제공한다.

특히 유형별 면접 준비 전략은 물론 커뮤니케이션 스킬 계발과 업무 역량 강화, 직장생활 에티켓, 업무 환경 등의 프로그램도 마련돼 자신만의 개성을 살린 취업전략을 구축할 수 있도록 도울 계획이다.

이어 캠프 참가자가 면접관과 면접자가 되어 역할극을 수행하는 '면접 역할극' 강의를 통해 면접에 대한 두려움을 극복할 수 있는 기회를 제공한다. 마지막으로 진행되는 '실전모의면접'은 인사담당자와 실전 모의면접을 통해 면접 현장에서의 유연함을 기르고 실제 면접과 같은 분위기로 개별·집단 면접이 진행된다.

모집기간은 11월 26일부터 12월 10일까지이며 캠프 참가자는 졸업을 앞둔 학년을 우선적으로 선발해 3학년과 4학년 각각 40명씩 모집한다. 참가 신청은 한누리관 1층 취업진로팀에서 접수 가능하다. 참가자는 참가비 30,000원, 이력서・자기 소개서 출력물과 파일, 개인별 정장을 반드시 준비해야 한다.

—상명일보, 이재경 기자, 2012. 11. 25.

### (4) 기사 교열

보도 기사의 취재를 일선 기자와 취재 기자가 담당하고, 기사를 보도할 수 있게끔 만드는 일을 편집 기자가 한 후, 마지막으로 손을 거쳐야 하는 사람이 바로 교열을 담당하는 교열 기자이다. 기사를 교열하는 것은 또 하나의 특별한 전문적 일이 되는데, 이 과정에서 특히 빠진 글자, 틀린 글자가 없는지, 어법에 잘 안 맞는 것은 없는지를 철저히 살펴야 한다. 앞에서 좋은 보도 기사의 요건을 언급하면서, 바른 글쓰기의 원칙으로 의미적 호응 관계가 맞게 쓰는 것, 한글 맞춤법을 잘 지키는 것에 대해 예를 들어 설명했는데, 이 내용이 바로 교열 단계에서 철저하게 검토되고 고쳐져야 한다. 공기처럼 떠다니는 수많은 '말'들 가운데 저널리즘의 언어로 수용되는 것은 일부분에 불과하다. 그렇지만 일단 저널리즘의 언어로 채택된 말들은 대중의 언어 생활뿐만 아니라 사고에도 영향을 크게 미친다. 거기에는 단순한 일상의 정보에서부터 의견이나 태도의 형성 및 변화・강화를 가져오게 하는 여러 형태의 정의(definition)들까지 담기기 때문이다. 저널리즘에서 어떤 말을 어떻게 다루느냐에 따라 그 사회에 그리는 '의미화의 지도(signification map)'는 달라진다.

신문의 메시지가 갖는 이런 심층적인 효과 때문에 뉴스 언어는 사적(私的) 표현물의 그것과는 다를 수밖에 없다. 좀더 제한적이고 보수적인 성격을 띠게 된다. 또한 공적(公的) 언어로서 공공재(公共材)의 성격을 갖는 것이므로 반드시 순화된 말로, 정확하고 품위있게, 공정하게 표현해야 한다. 무엇보다도 신문의 언어로 수용되는 모든 기호들은 부호화 과정에서 여러 단계의 검증을 거치게 된다. 교열 작업은 그 절차의 마지막 관문이다. 공적 언어로서의 신문 언어가 사회적 순기능을 발휘하도록 제어하고 이를 담보하는, 최종 파수꾼(gare-keeper)의 작업을 한다는 데서 교열의 진정한 의미를 찾을 수 있다.

이 장에서는 보도 기사 쓰기에 대해 언급하였다. 수많은 정보가 쏟아지는 이 시대에 언론이 철저한 정론 정신을 가지고 취사선택하고 철저히 취재하여 제대로 된 정보를 국민들에게 전하는 일은 최고로 중요한 일이 되었다. 공의와 진실을 지키려는 마음가짐에서부터 사실성 있게 전달하기 위한 기술적 문제에 이르기까지 좋은 기자가 되기 위해 수련을 쌓아야 할 일들이 매우 많다. 급격한 변화의 시대에 살기 좋은 우리 사회를 만들기 위해 각 분야가 노력해야 하지만 특별히 언론이 담당해주어야 할 역할이 매우 크고 중요한 만큼, 뜻 있는 젊은이들이 기자 수업을 철저히 하여 훌륭한 기자가 많이 탄생하였으면 좋겠다.

## 생각샘

**1** 다음 몇 글들의 의견에 대해 본인이 생각하는 바를 정리해 보고 올바른 언론이 되기 위해 어떤 점을 유의하고 노력해야 하는지 토의해 봅시다.

1

### 좋은 기사를 쓰려면

"어떻게 하면 좋은 기사를 쓸 수 있을까?" 1986년 10월 동아일보 입사시험을 보기 하루 전에 시작된 이 의문은 지금까지 나를 따라다니며 괴롭히고 있다. 현재의 문제 풀이 속도를 감안하면 언제 답이 나올지 알 수 없으니 답답한 노릇이다.

입사시험일 하루 전날 나는 너무나 불안했다. '무슨 문제가 나올까' '어떻게 써야 할까' 걱정은 끝이 없었다. 그러나 나는 이 불안감에서 벗어나기 위해 좌고우면하지 않고 결단을 내렸다. '그냥 생각하는 대로 쓰자. 내가 글을 잘 쓰면 얼마나 잘 쓸 것인가. 괜히 잘 쓰려고, 멋진 글을 쓰려고 말을 꾸미다 보면 시험관에게 책만 잡힐 것이다.'

이 결심 탓인지 나는 운 좋게도 기자시험에 합격할 수 있었다. 그리고 지금도 이 원칙을 소중히 여기고 있다. 실제 취재한 것 이상으로, 아는 것 이상으로 멋있는 기사를 쓰려고 붓방아를 찧으며 시간을 허비한 적이 한두 번이 아니다. 그러나 결론은 역시 아는 것만 쓸 때 가장 좋은 기사를 쓸 수 있다는 것이었다.

아는 것만 쓸 때 기자와 기사는 정직해진다. 아는 것이 없으면 어떡하느냐고 묻는 사람이 있다. 다행히 기자의 덕목에 '생이지지'(生而知之)는 들어가 있지 않다. 취재할 수 있는 '특권'을 가진 기자에겐 '취재이지지'(取材而知之)면 충분하다.

취재를 어떻게 하느냐고 묻는 사람이 있다. 이 질문은 기사를 어떻게 쓰느냐는 질문과 맞닿아 있다. 기자는 앞으로 일어날 일을 쓰는 예언자가 아니라 일어난 일을 재구성하는 사람이다. 취재를 통해 알아낸 사실들을 엮어서 일어난 일을 일목요연하게 재구성한 기사라면 일단 합격선을 훌쩍 뛰어 넘었다고 볼 수 있다.

최근 모 종교단체가 신도를 살해해 암매장했다는 기사가 신문에 실렸다. 발굴자들은 유골을 하나씩 모아 사람의 형태로 만든다. 두개골을 발 밑에 두지 않으며, 대퇴골을 늑골 옆에 놓지 않는다. 모은 뼈를 아무렇게나 흩어놓으면 두서가 없어진다.

기사와 취재도 마찬가지다. 좋은 기사는 독자에게 의학대학 해부학연구실에 세워진 사람의 골격 모형처럼 온전한 형태를 갖췄다는 느낌을 줘야 한다. 기사의 구성이란 머리가 어디에 있고 다리가 어디에 있는지를 독자가 한 눈에 알 수 있게 하는 것이다.

기사를 구성할 때 초보자들이 많이 저지르는 실수는 머리를 너무 크게 그리는 것이다. 머리가 크면 척추와 다리가 놓일 자리가 줄어든다. 기형이 되는 것이다. 이 같은 오류는 스트레이트 기사보다는 피처 기사에서 자주 발견된다. 기사의 서론 격에 해당하는 머리를 여러 가지 말로 에둘러 표현하지 말고 간결하게 접근하면 '기형아 출산 방지'에 큰 도움이 된다.

말과 글에는 한계가 있다. 모든 것을 다, 정확하게, 완벽하게 표현할수는 없다. 기사도 마찬가지다. 복잡한 일을 어떻게 몇 백자로 표현할수 있겠는가. 더욱이 지면은 한정돼 있다. 기자들이 보내는 기사 중 상당부분이 지면에 반영되지 못한다. 반영된다 하더라도 상당부분이 잘리는 경우도 적지 않다.

그래서 기사란 사람의 골격 모형이라고 다시 말하고 싶다. 중요한 것만 골라서 간결하게 쓴 글이 기사다. 골격을 사람으로 만들려면 근육과 핏줄을 만들고 살을 붙여야 한다. 지면이 많다면 울퉁불퉁한 근육, 생생한 핏줄, 보드라운 살을 붙일 수 있다. 그러나 지면이 한정돼 있다면 '집중과 선택'을 할 수밖에 없다. 어떻게 할 것인가. 사람에게 근육, 핏줄, 살이 있다는 것은 모든 사람이 알고 있다는 전제에서 출발할 수밖에 없다. 골격만 잘 갖춰놓으면 사람들은 그 사람이 어떤 모습인지 짐작할 수 있다. 근육 핏줄 살이 붙어 있을 때보다는 부족하지만 적어도 남자를 여자로 알거나, 키가 큰 사람을 작은 사람으로 오해하는 일은 없도록 해야 한다.

줄거리의 간결성뿐만 아니라 언어의 간결성도 중요하다. 기사는 경제성을 중요시 여긴다. 쉬운 말로 짧게 표현하면서도 독자에게 중요하고 정확한 메시지를 전달할 수 있어야 경제성이 높아진다. 요즘은 문어체보다는 구어체가 경제성을 높인다는 데 거의 의견이 없다.

집에 불이 났을 때 사람들은 '불이야'라고 외친다. 간결한 이 한마디는 대피를 촉구하는 경고이자 구조 요청이다. '화재가 발생했으니 집에 계신 분은 긴급히 대피하시고 소방대원은 빨리 와주십시오'라고 말하는 사람이 있다면 얼마나 우스꽝스러울 것인가.

기사란 친구와 이야기를 나누듯 편안하게 쓰면 된다. 단, 주어 술어 등 문장의 기본적인 요건은 갖춰야 한다. 초보자들이 가장 많이 저지르는 실수가 주어와 술어의 불일치다. 주술 불일치는 대개 복문이나 중문에서 나타난다. 복문이나 중문을 피할수록 기사는 간결해지고 주어와 술어의 불일치도 줄일 수 있을 것이다.

기사를 쓰는 원칙은 잘 아는데 왜 좋은 기사가 써지지 않을까 고민하는 분들이 있다. 이런 분들은 기사를 많이 써보면 된다. 기사를 잘 쓰는 가장 효율적인 방법은 역시 많이 써보는 것이다. 이 과정에 조언자가 있으면 금상첨화다. 친구에게, 동생에게 자신의 글을 읽게 한 뒤 비평을 받으면 좋다. 기사란 독자의 것이므로 자기 아닌 다른 사람의 비평을 받으며 조금씩 고쳐나간다면 기사의 완성도는 당연히 높아지게 마련이다.

—동아일보, 기자수첩 2004. 9. 19. 하준우 사회1부 차장

2____

참을 수 없는 인터넷 뉴스의 가벼움… 대학생들 "나 신문·잡지로 돌아갈래!"

최근 대학가에 인쇄매체에 대한 관심이 되살아나면서 대학생이 직접 제작한 신문과 잡지 창간이 잇따르고 있다. 전문가들은 일부 무책임한 온라인 매체가 쏟아내는 근거 없는 정보 홍수에 대한 반발로 분석했다.

대학가, 잇단 인쇄매체 창간=지난 5월 25일 서울대 기록관리학 석사 과정에 재학 중인 김지산(26)씨는 대학생의 일상을 소개하는 잡지 '서울대학교 포트레이츠' 창간호를 배포했다. 김씨는 "요즘은 독자들이 인터넷에 올려진 정보를 가볍게 느끼는 경향이 있다"며 "활자가 전해주는 무게감 때문에 인쇄매체를 택했다"고 말했다. 2호 제작을 준비 중인 포트레이츠는 학교의 지원 없이 광고수익으로 운영비를 충당한다.

—조선일보, 2010. 7. 12.

3____

'4억 명품녀' 인터뷰, 장동건·고소영 득남, 김정은 관상 보도…
조선일보 독자권익보호위원회(위원장 김용준)가 최근 조선일보가 보

도한 기사 가운데 문제가 있다고 지적한 기사들이다.

조선은 지난 11일 열린 독자권익위 10월 정례회의 내용을 정리해 15일 33면에 게재했다.

〈신문이 '인터넷 떠도는 얘기'를 확대 재생산해서야〉라는 제목의 기사에서 독자권익위원들은 타블로의 학력 위조 논란을 계기로 인터넷에서 떠도는 얘기를 받아쓰는 데 급급한 한국 언론의 행태를 지적했다.

한 위원은 "인터넷이 별것도 아닌 내용을 확대 보도하고 부추길 때 언론은 이를 걸러주는 필터 역할을 해야 한다"며 "인터넷에 난무하는 내용들을 신문이 확대 재생산하고 있지는 않은지 늘 되짚어봐야 한다"고 강조했다.

또 다른 위원도 "우리 언론은 개인의 명예와 인격에 관련된 것인데도 인터넷에서 뭔가 이슈화됐다 하면 그걸 중계하듯이 기사로 싣는 경향이 있다"며 "조선일보만이라도 인터넷에 올라온 사실들을 전달하는 데 급급하지 말고 늦더라도 사실 여부를 명확히 따진 후 보도하길 바란다"고 당부했다.

'중계하듯 기사로 싣는' 행태와 관련해 지난달 14일 조선이 보도한 '4억 명품녀' 인터뷰 기사가 도마 위에 올랐다. 한 위원은 "인터넷 기삿거리에 불과한 내용이 어떻게 그 큰 지면을 차지했는지 도무지 이해가 되지 않는다"며 "그냥 한 번 떠들고 나면 끝인 것을 왜 그렇게 크게 보도했는지 언론 스스로 묻고 답해야 한다"고 꼬집었다.

북한의 3대 세습과 관련해 김정은을 비하하는 듯한 보도를 한 점도 문제 기사로 지적됐다. 한 위원은 "10월 1일자 A1면 〈혼자 살찐 평양의 황태자〉라는 제목은 좀 거슬렸다"며 "북한이 아무리 우리와 적대적인 관계라고 하지만, 그들을 질책할 때도 냉정함과 격을 잃지 말아야 한다"고 밝혔다.

또 다른 권익위원은 같은 날 4면에 보도된 〈관상가들이 본 김정은— "호랑이상…군대라면 출세, 정치하면 폭정 가능성"〉기사를 지목해 "관상이 나름대로 과학적이라고는 하지만 오락면도 아닌 정치면에서 관상만 가지고 결국 '김정은은 폭정한다'고 기사화한 것은 문제가 있다고 본다"고 지적했다. 조선은 이 기사에서 "지도력이 뛰어난 인상" "나라를 말아먹을 흉(凶)상" 등 김정은의 사진을 보고 관상학 전문가들이 내놓은 의견을 여과 없이 보도했다.

장동건·고소영 부부가 아들을 낳았다는 5일자 기사에 대해서도 "연예인들의 결혼 소식을 기사화하는 것은 세태가 그러니 그렇다 치더라도 아이를 낳은 것까지 시시콜콜 보도하는 것은 좀 지나치다"는 지적이 나왔다.

노벨상 관련 보도에 대해서는 의견이 엇갈렸다. 한 위원은 "노벨상 관련기사가 너무 크다 보니 비슷한 시기에 나온 문학서들이 소개되지 못했다"며 "노벨상에 대한 관심이 큰 것은 이해하지만 그래도 노벨상 기사를 천편일률적으로 크게 다루거나 비슷한 시각으로 기사를 쓰는 것은 한번쯤 생각해 봐야 한다"고 밝혔다.

반면, 다른 위원은 "노벨문학상이 발표됐을 때 누가 보아도 스페인 문학 전문가라고 할 만한 송병선 교수의 기사가 실려 전문성이 돋보였다"며 "이런 준비된 기사가 나왔다는 것은 조선일보의 강점 중 하나"라고 평가했다.

한편, 타블로의 학력 위조 논란과 관련해 타블로가 자신의 지도교수라고 소개했던 스탠퍼드대 영문학과 토비아스 울프 교수를 조선일보가 이메일로 취재해 지난 5월 22일 〈Why?〉면에 게재한 〈가수 타블로 학력위조설 알아보니 위조설이 위조!〉기사는 "타블로의 학력이 사실이라고 분명히 못을 박은 보도"라는 평가를 받았다.

— 조선일보, 2010. 10. 15.

✏️ 두레박

**1** 신문 기사 하나를 선택하여 옮기고, 신문 기사의 구성이 잘 되었는지, 문장 표현이 잘 되었는지, 좋은 보도 기사의 요건들을 잘 갖추었는지에 대해 분석하시오.

**2** 기사거리가 될 만 한 지역사회의 일을 선택하여 취재하고 적당한 언론 지면을 골라 거기에 실린다고 가정하고 보도 기사를 작성해 보시오.

# 제3장
# 피처 기사 작성 실습

'피처(feature)', 또는 '피처 기사'란 주로 잡지에 실리는 글을 말한다. 보도 기사가 시간적으로 간격을 두지 않고 바로바로 알리는 신속 보도의 기능이 있다면, 피처 기사는 신속한 속도감에 주안점이 있지 않고 일련의 대상에 대해 좋은 주제와 소재로 이루어진 읽을 만한 기사 거리의 기능을 지닌다고 할 수 있다. 따라서 피처 기사는 정보와 함께 재미를 주거나 공감대를 형성하고자 하는 문예적 기능이 강하다. 잡지의 종류로 여성 종합지, 시사 월간지, 시사 주간지, 취미 관련 잡지(패션, 골프, 자동차, 낚시, 산, 여행, 맛집, 웨딩 등) 등 매우 다양한 것들이 있는데 이 중에서 '피처'는 시사적인 잡지가 아닌 종합지나 취미 잡지를 편집할 때 사용하는 용어이다. 일상어로서 '피처(feature)'란 '특징'이란 뜻을 지니며, 다른 것과의 차별성을 드러내 주는 모습이나 자질들을 뜻한다. 이 단어가 대중매체 분야에 사용되면, '특별한 스토리로 엮은 기사'라는 뜻을 갖는다. '피처 기사'를 줄여서 '피처'라고 하며 이 표현만으로도 잡지 등 대중매체에 실리는 특별한 스토리가 담긴 글이라는 뜻으로 통용된다.

피처 기사는 늘 특집으로 기획·편집되었다는 뜻을 지닐 수 있다. 왜냐하면 일간지가 아닌 잡지에 실리게 되는 피처 기사는 일간 신문의 보도 기사와는 달리 발생 사실을 알리는 데에 그치지 않고 영구히 보존해도 좋을 가치가 있는 내용을 다루게 되기 때문이다. 일간지는 하루가 지나면 시효성을 잃지만, 잡지는 이에 비해 보전성이 더 높으므로, 그 사건이 진행된 일련의 전모를 다 보면서 종합적인 관점에서 다룬다는 차별성이 있는 것이다. 앞 2장에서 살펴 본 보도 기사와의 대립에서 본다면, 보도 기사는 세상에서 벌어진 일에 대하여 그날그날의 사실적인 내용을 객관적 관점을 유지하여 기술하는 것으로서, 현장성을 생명으로 하며 주로 단신(短信)의 보도가 된다. 반면에 피처 기사는 사람들이 관심을 가질 다양한 분야의 이야기들이 모두 대상이 되며, 그날의 일이라는 현장성보다는 세상적인 이야기, 사람 이야기 등 정보와 재미를 주는 것을 생명으로 한다. 그러므로 피처 기사를 쓰는 피처 기자는 소재와 주제를 잘 설정해야 하고 그와 관련하여 사람들에게 공감을 주는 요소를 불어넣는 내용을 구성해야 한다는 점에서 언제나 특집으로 편집되지 않을 수 없는 것이다.

이 세상에 어떤 일이 발생함으로써 우리가 함께 생각해 볼 가치가 있는 주제와 소재도 생겨나는 것이므로 피처 기사도 결국은 시사적인 내용을 바탕으로 이루어지게 된다. 그러다보니, 월간 잡지라면 그 달, 또는 전 달의 시사적인 보도 내용과 관련된 것으로 주제를 잡고 이에 대한 일련의 사건들을 종합하면서 거기에 피처 기자의 문체적 빛깔을 더 하는 글을 탄생시키게 된다. 또는 다음 달에 다가올 시사적인 문제를 미리 예견하여, 그 일과 관련된 주제로 피처 기사를 기획할 수도 있다. 그러나 시사적인 사회 문제에 대한 고발의 성격을 띤다기보다는 흥미를 느낄 수 있고 정보성도 있어 사람들이 두고두고 볼 수 있는 가치를 지니게 되는 것이다.

특별히 시사적인 보도 내용들을 중심으로 하여 피처 기사를 작성할 때 그것을 '뉴스 피처(news feature)'라고 일컫기도 한다. 그러므로 피처 기사는 크게 두 종류로 나누어 뉴스 피처와 비뉴스 피처(non-news feature)로 구분할 수도 있다. 뉴스 피처는 시사적 사건에 관한 것을 내용으로 삼는 것이고 비뉴스 피처는 시사적 사건을 중심 내용으로 하지 않고, 비시사적인 것으로서 대중들에게 주제로 삼아 거론할 가치가 있는 것들을 내용으로 삼는다. 시사적인 것을 다룬 피처 기사가 시사적인 보도 기사와 다른 점은 시사적 사건의 일단락을 피처 기사에서 다룬다는 점이 된다. 보도 기사는 그 날의 사건을 보도하므로, 사건의 과정 속 어느 한 부분에 해당되지만, 시사적 사건을 다루는 피처 기사는 객관적인 보도가 아니라, 사건의 전반적인 해설과 의의 부여 등 그 사건에 대한 기자의 해석적 관점이 들어간다.

언론에서 '기획 기사'라는 용어도 쓰는데, 기획 기사란 발생한 뉴스를 쫓아가서 전한다기보다 문제의식을 가지고 언론기관이 적극적 자발적으로 기사를 만들어낸다는 의미가 강하다. 기획 기사가 피처 기사를 지칭하는 용어도 아니며 피처 기사와 이분법적으로 구분되는 용어도 아니다. 피처 기사가 사람들에게 재미와 정보를 주기 위한 목적으로 시작된다면 기획 기사는 뭔가 문제의식이 있어, 그것을 파헤쳐 드러내 보이려는 목적으로 시작된다는 차이점이 있다.

이상과 같이 피처 기사는 다른 용어들 속에서 혼선이 있긴 하지만, 간단히 말하면, 피처 기사는 주로 잡지류의 매체에서 독자들에게 읽을 만한 거리를 제공하기 위하여 작성되는 글이라고 할 수 있다. 마치 소설을 읽듯이 교양서적을 읽듯이 읽고 간직해도 좋을 글이다. 병원이나 은행 등을 방문했을 때, 간이 독서대에 보면 각종 다양한 잡지들이 선을 보이고 있다. 한 권을 뽑아 들면 작은 주제들을 글거리로 삼은 다양한 글들이 눈길을 끈다. 문자들의 향연이 펼쳐지면서 때로는 많은 공감대를 얻기도 하고, 때로는 어렵거나, 아니면 너무 일반적이라서 유익함을 느끼지 못하는 그런 경우도 있다. 잘 된 피처 기사는 일간지의 시사 사건 기사와는 달리 시간을 초월하여 영원히 생명력 있는 글로 남을 수도 있다. 공감대를 형성한 피처 기사는 누군가의 머릿속에, 스크랩북에, 또는 컴퓨터 속에 저장이 될 것이다. 바쁜 현대인들의 생활 속에서 복잡하게 얽힌 사고의 영역 속에 잠깐 잠깐 스며들어 정보성을 주고 감동도 주며 중요한 것을 기억하게 하는 맑은 우물과도 같은 존재가 될 수 있다.


## 01 | 피처 기사 이야기


먼저 어떤 종류의 피처 기사를 쓸 수 있는가에 대해 생각해 보자. 소재의 측면에서 세상사 분야별로 따져본다면, 사회, 문화, 정치, 경제, 역사 등의 구분이 가능할 것이다. 더욱 세분하여 본다면, 소소한 일상사 이야기, 어느 집단의 이야기, 지역사회 이야기, 교육 분야의 이야기, 미술, 음악, 공연, 문학가, 언어 관련 이야기, 독서 이야기, 정책 이야기, 정당 이야기, 정치인 이야기, 건강 관련 이야기, 의생활, 식생활, 주생활 이야기, 특별한 장소 이야기, 여행 이야기, 스포츠 이야기 등 이루 다 헤아릴 수 없는 종류들이 있을 수 있다.

오택섭(2005 : 112)에서는 다음과 같은 피처 기사의 유형을 언급하는데 참고해 보기로 한다.

- 서비스형 : "살 빼는 7가지 요령", "주식투자에 성공하려면…", "대학 입시 이렇게 준비하자", "나의 홈페이지 만드는 법"과 같이 우리가 일상 접하는 문제점들을 어떻게 해결할 것인가 하는 방법과 요령을 구체적으로 제시하는 피처 기사.

- 인간적 흥미 유발형 : 작은 사람들이 해낸 큰 일이 인간적 흥미 유발형의 기사가 된다. 아랍 테러리스트의 자살 테러로 뉴욕의 세계무역센터에서 수천 명이 생매장되는 가운데 기적적으로 살아남은 몇 안 되는 생존자의 경험담, 수마(水魔)가 할퀴고 간 작은 마을에서 재산과 생명을 지켜낸 마을 사람의 이야기, 일용직 근로자였던 한 남자가 60억이 넘는 복권 당첨금을 받아 하루아침에 거부가 된 이야기 등이 내용이 될 수 있다.

- 정보–뉴스형 : 이 유형의 피처는 감동적인 이야기도 아니고 생활의 지혜에 보탬이 되는 것도 아니다. 다만 정보나 지식 그 자체에 해당한다. "도청 감청의 실체를 벗긴다"와 같은 폭로물이나 "대학가의 음주 문화 이렇게 바뀌고 있다"와 같은 추이(trend)에 관한 이야기가 이런

유형의 피처 기사이다.

- 인간 프로필형 : '빅스타'들의 '사소한 일'이 바로 인간 프로필형의 피처 기사 내용이 된다. 학사학위만 가지고 노벨 화학상을 수상한 다나카 고이치와 축구 스타 박주영, 가요계의 여왕 보아와 같은 톱스타들이 피처 주인공이 된다. 인간적 흥미 유발형 피처 기사가 '작은 사람들이 해 낸 큰 일'인 데 반해, 인간 프로필형 피처는 '큰 사람들이 해낸 작은 일'이라고 할 수 있다.

다음의 기사는 서비스형 피처 기사라고 할 수 있다. 일단 이 예를 보면서 피처 기사에 대한 감을 보도록 하자.

**예**

"날 그냥 물로 보지 마"
물, 제대로 마시는 법

뜨거운 여름, 타는 목마름을 해소하는 데는 깨끗하고 시원한 물 한 잔이 최고다. 우리가 매일 습관처럼 마시는 물이 우리의 수명을 연장하기도 하고, 우리의 몸을 건강하게 한다는 사실을 아는가? 제대로 알고 마시는 물 한 잔으로 가장 쉽고 저렴하게 여름 건강을 챙기자. 물에 관한 진실 혹은 거짓.

> **물 무조건 많이 마시는 것이 좋다? [NO]**
> 물이 신진대사를 활발하게 하고 독소와 노폐물을 배출시킨다고 해서 무조건 많이 마시면 건강에 해롭다. 답은 '아니오'다. 몇 년 전 미국에서 물마시기 대회에 참가한 한 여성이 7.5*l* 가량의 물을 마신 뒤 의식을 잃고 물

중독증으로 사망한 일이 있었다. 물을 너무 많이 마시면 혈액이 묽어져 폐와 뇌가 붓거나 근육이 녹을 수 있고, 저나트륨 혈증으로 의식을 잃고 사망할 수도 있다. 성인의 경우 하루 1.6*l* 의 수분 섭취를 권장하며 200cc 분량으로 7~8잔 정도가 적당하다.

### 물 마시는 데이도 타이밍이 있다? [YES]

물을 언제, 어떻게 마시느냐에 따라 우리 몸에 약이 될 수도 있고 독이 될 수도 있다. 물은 벌컥벌컥 한 번에 많이 마시기보다 홀짝홀짝 자주 마시는 것이 좋다. 아침 공복에 마시는 물은 보약이라는 말을 한 번쯤 들어봤을 터, 아침에 일어나자마자 시원한 물을 3분에 걸쳐 씹어 먹듯 천천히 마시면 변비 치료에도 도움이 되고 밤새도록 몸 안에 쌓인 노폐물을 몸 밖으로 내보내는 데도 효과적이다. 반대로 잠자기 30분 전에 한 컵의 물을 마시면 숙면에도 도움이 되고, 다음 날 몸이 훨씬 가벼운 것을 느낄 수 있다. 그리고 식사 30분 전에 마시는 물은 과식을 막아주고, 체내 염분 조절을 하므로 성인병 예방에 효과적이다. 또 식후 30분 후에 마시는 한 컵 이하의 물은 소화를 촉진한다. 그 외에도 30분마다 4분의 1컵을 마시는 것을 습관화한다면 건강 유지에 도움이 된다.

### 물만 먹어도 살이 찐다? [NO]

아니다. 물의 열량은 0kcal로 살이 찌는 것과 상관이 없다. 물만 마셔도 살이 찐다고 호소하는 사람들이 있지만 사실 물을 제대로 마시면 오히려 살이 빠진다. 하루 8잔 이상의 물을 마시고 운동을 해보자. 한 잔의 물은 1시간 30분에서 2시간 동안 교감신경계를 자극한다. 교감신경에서 분비되는 아드레날린은 지방 분해효소인 리파아제의 활동을 조절한다. 즉, 물을 마시면 교감신경이 자극돼 아드레날린이 분비되면서 저장된 지방이 연소된다.

### 수분, 음식을 통해 섭취하는 것이 베스트다? [YES]

우리 몸의 세포는 식사 후 따로 수분을 보충하는 것보다는 식사 때 필요한 수분을 함께 섭취하는 것을 더 좋아한다. 섭취한 음식을 소화하는 과정에서 필요한 물을 영양분과 함께 받아들이면 세포는 식사 30분 안에 신선한 세포액과 함께 활력을 찾는다. 수분을 섭취하는 가장 이상적인 방법은 음식을 통해 직접 섭취하는 것, 식사 때 상추나 배추와 같은 쌈채소를 곁들이거나 식후 과일과 같은 수분이 풍부한 음식을 곁들이는 것은 수분을 보충하는 아주 좋은 습관이다.

**몸이 좋아하는 물의 온도는 따로 있다? [YES]**
마시는 물의 온도 또한 중요하다. 11~15℃의 약간 시원한 물을 마시는 것이 가장 좋은데 이는 수분 흡수가 빠르기 때문이다. 또 11~15℃의 물은 우리 몸의 교감신경을 자극해 지방 연소에 유리한 체내 환경을 만든다. 반면, 지나치게 차가운 물을 많이 마시면 위장이 차가워지면서 위 기능이 저하돼 흡수되지 않고 위에 모여 있게 된다. 단, 과민성대장증후군이 있거나 설사가 잦은 경우 찬물은 설사를 더 심하게 할 수 있으므로 따뜻하거나 차갑지 않은 물, 실온과 비슷한 온도의 물을 마신다.

**정수기 물은 좋은 물, 수돗물은 나쁜 물이다? [NO]**
(하략)

위 피처 기사는 흔히들 잘 안다고 생각하며 마시는 '물'에 대해 다양한 정보를 제공하는데, 일반 상식을 깨는 내용들도 담겨 있고 정교한 물 섭취 방식도 들어 있으며 알쏭달쏭한 문제를 제목으로 들고 'YES, NO'로 선별하는 전달 형식을 취하고 있어 흥미를 끈다.

보도 기사는 시시각각 현실에서 일어난 일을 취재하고 그것을 중심으로 보도 기사 문체로 작성하면 되는 것임에 비해, 피처 기사는 기사 거리를 창출해야 하며 그 기사를 특색 있는 주관적 관점을 가지고 훌륭하게 가꾸어 잘 포장하여 내 놓아야 한다는 점에서 피처 기사 작성은 특별한 사고력과 창의력, 그리고 문장력을 요한다. 다음에서 제시하는 요건들을 살펴보면서 좋은 피처 기자 될 수 있는 요점들을 파악해 보기로 한다.

## 02 | 좋은 피처 기사의 요건

좋은 피처 기사란 어떤 것일까? 우리가 살아가는 상황을 생각해 보자. 가령 가족 중 누가 아파서 병원에 가서 진료를 기다리거나 할 때, 잡지 진열대에 놓여 있는 의료 잡지를 뽑아 들었다고 하자. 그 잡지에는 여러 의료 관련 기사들이 있을 것이다. 비슷비슷한 여러 기사들 중에도 유난히 눈에 띄는 기사는 어떤 것일까? 가장 중요하게는 환자의 해당 병명과 관련되는 것일 거고, 그 질환에 대한 유익한 정보와 이겨 내는 방법, 간호법 같은 것이 눈길을 끌 것이다. 잡지의 기사들 중 하나 선택하여 읽어내려 가는 중에 이 기사가 깊이 있고 진실성 있게 내용을 다루고 있다는 느낌을 받으면 끝까지 계속 읽고 이런 정도의 피처 기사라면 자료로 보관해 두면 좋겠다는 생각도 하게 될 것이다. 그러나 수박 겉핥기식으로 대충 내용을 정리해 놓은 것이거나 특별히 다른 점이 없는 상식선에서 머물고 있거나 과장이 들어가 내용이 부풀려져 있거나 너무나 어려운 전문적 내용이라 이해하기 어려우면 다시 잡지를 제자리로 돌려놓을 것이다.

다양한 상황의 다양한 사람이 살아가는 세상이므로 "어떤 분야의 어떤 주제가 피처 기사로서 좋은 주제다."라고 한정하여 말하기는 힘들다. 왜냐하면 대부분의 주제는 우리에게 유익할 특성을 지닐 가능성이 높기 때문이다. 이 세상 어느 것 하나 우리에게 배움을 주지 않을 것을 없을 테니까. 그런데 그 주제와 관련하여 피처 기자가 서술하여 펼쳐내는 피처 기사의 내용에서 진한 공감대를 얻는가, 그렇지 못한가에 대한 변별성은 분명히 존재한다. 이 장에서는 그 점에 대해 얘기해보기로 한다.

### (1) 지성과 감성을 동시에 움직이게 하는 주제와 내용

피처 기사를 쓰는 전문인을 피처 기자, 또는 피처 에디터라고 한다. 피처 에디터는 각 매체의 특징에 맞게, 그리고 때에 맞게 글의 소재와 주제를 선정해야 한다. 이 기초 작업을 잘 하기 위해서는 사람에 대해, 사회에 대해 두루, 그리고 세심한 관심을 가져야 한다. 무심하게 그냥 보고 지나쳐버리는 것이 아니라 현상에 대해 의미를 찾고 새로운 관점을 부여해 보는 창의적인 생각을 해야 한다. 그런 과정 속에서 대중에게 공감을 주는 글거리를 마련할 수 있을 것이다.

좋은 피처 기사의 요건으로 먼저 지성과 감성을 동시에 움직이게 하는 주제와 내용에 대해 언급하고자 한다.

### ① 주제와 내용의 다면성에 대해 주목하기

주제와 내용의 다면성에 주목하자는 것은 어느 하나의 단어, 소재, 아이템, 대상들이 가지고 있을 다양한 측면을 일단 모두 고려해 보자는 것이다. 이를테면 '고독'에 대해 생각해 보기로 하자. 현대인들이 복잡한 환경 속에서 정작 자기 자신은 혼자 소외되는 것 같아 불안하고 그런 심리적 현상이 지속되면서 자살에 이르기도 하는 심각한 감정이다. 우선 '고독'을 중심으로 사람들이 이 주제에 대해 어떻게 인식하고 있는가에 대해 조사해 볼 수 있을 것이다. 의외로 고독에 대해 심각하게 위험한 것이 아니라 긍정적으로 접근하려는 시도가 많음을 발견할 수 있다.

- 외로워야 '도약'한다 — 조선일보, 2011. 10. 29.
- 지금 외롭다면 잘 되고 있는 것이다 — 한상복 지음, 위즈덤하우스
- 천재를 만드는 것은 고독이다
- 고독은 나의 벗

위와 같은 문장들로 시작되는 글들이 선을 보이고 있다. 이 중 '고독은 나의 벗'에 대한 기사 한 토막을 보면 "문화인류학의 연구결과에 따르면 우리가 친밀한 인간관계를 건강한 행복의 기준으로 강조하기 시작한 것은 그리 오래되지 않았다. 자연재해에 대한 근심과 불안이 없어졌기 때문에 비로소 시작된 '사치'라는 것이다. 하지만 공동체에 들어가 적응하려고 노력하면 노력할수록 개인의 '소외'는 필연적인 법. 때로는 자발적 고독이 행복을 보장한다."라고 되어 있다. 고독의 긍정성을 연구하기 위해『고독의 위로』(엔서니스토 지음, 이순영 옮김) 같은 책을 읽는 것도 필수적일 것이다.

그러나 고독에 대해 찬양 내지는 긍정적인 인식만 하고 있을 일은 아니다. 실제의 상황은 사람들이 고독해서 살고 싶지 않다는 것이므로 이 점에 대해서도 간과할 수가 없다. 그러므로 고독한 환경에 처한 사람들을 찾아가 그 사정도 듣고 대화를 해 볼 필요가 있다. 사귈 수 있는 또래가 많은 환경 속에서도 그렇지 못한 청소년들, 사귈 사람을 찾기도 어려운 노년층들, 심한 경쟁 사회에 처해 고독한 사람들이 얼마나 많은가. 그러므로 고독을 탈피하는 방식이라든가, 여럿이 어울리는 곳의 특별한 특성이라든

가, 대인 관계를 원만히 하고 자신이 그 속에 잘 동화되게 하는 처세 같은 데에 관심을 가지고 들여다 볼 필요도 있다.

예

혼자보다 둘이 낫다(그대들, 힘을 내라, 아직 시작도 안 했다)
혼자일 때, 마음에 창문.
혼자일 때, 만나라.

이런 식으로 한 소재에 대해 심층적인 연구를 하면서 피처 기사를 작성할 만한 가치 있는 주제를 찾아내야 할 것이다.

물론, 피처 기사 속에는 이러한 다양성이 다 표출되어야 하는 것은 아니다. 다양성에 주목해야 한다는 것은 하나는 알고 둘은 모르는 실수를 기자가 범하면 안 된다는 차원에서도 그러하고, 다양한 측면 중, 가장 중요한 것을 선택하는 과정 속에서 매우 폭넓은 사유를 할 수 있게 된다는 차원에서도 그러하다. 다양한 것을 알고 있다는 것은 많은 것을 빠삭하게 꿰고 있어 도를 통했다는 것이 되며, 이러한 상황에서 피처 기자는 진정 귀중한 어느 주제 하나를 정할 수 있게 되는 것이다.

또 하나의 사례를 들어, 한 주제에 다양하고 심층적인 내용을 전개하는 방식을 살펴보기로 하자. 〈내셔널 지오그래피 한국판, 2005년 5월호〉에서는 '독'을 소재로 한 글을 실었는데, 그 제목만을 인용하고 간략한 내용 소개를 하기로 한다.

**예 12가지 독 이야기**

① 나폴레옹 1세의 죽음에 얽힌 흥미로운 수수께끼

나폴레옹 사망 후 부검 결과, 모발에 비소가 오랫동안 잔존한 사실을 확인. 정치적 암살—독살, 환경적 요인으로 인한 비소 중독, 의료과실, 복수 등의 추정.

② 한 발짝이라도 잘못 움직이면 뱀에게 물린다

동부다이아몬드 방울뱀 이야기.

③ 보톡스와 피아노를 위한 협주곡

연주 중 소근육이 마비되는 국소성 이긴장증으로 연주 중단. 보툴리누스 독소(극도로 희석한 것이 보톡스) 주입으로 회생된 세계적인 피아니스트 플라이셔의 이야기.

④ 다양한 독

주황색 식용색소(팝콘에 과다 들어가 식중독 유발), 해양동물의 독소(방독으로 방어하는 동물들의 화학전), 맹독 환약 발사 장치가 들은 우산(1978 불가리아의 암살 사건), 맥각(독성을 지닌 균류) 감염(17세기 마녀 행위로 잡힌 사람들이 보인 히스테리 증세는 맥각 중독 때문이었는지도 모른다), 스파이들이 안경 같은 물건 속에 숨기는 독약(KGB에서는 스파이들이 독약을 삼키지 못하도록 목구멍을 꽉 잡음), 프랑스식 감자수프를 먹고 보툴리누스 식중독으로 사망한 미국의 한 남자(이 사건으로 가공 처리가 덜 되었을지도 모를 수프 백만 캔 이상을 회수).

⑤ 죽도록 먹고 싶은 별미

복어가 가지고 있는 신경독 테트로도톡신 이야기, 복어 조리사는 특별한 자격증이 있음. 복어의 먹이는 비브리오균 독성 박테리아를 섭취하는 연체동물이나 연충, 조개와 같은 작은 유기체. 복어 간은 대단한 별미이나 이를 먹고 죽은 사람이 많아서 판매 금지. 노구치 연구원은 가두리 양식장에서 독이 없는 복어 생산, 그러나 독이 없는 복어는 검이 없는 사무라이와 같다고 인식.

⑥ 앨과 미르셀라와 함께 시체안치소에서
독살된 시신을 조사하는 이야기

⑦ 독살음모가 만연한 베네치아
역사 속의 독살음모 이야기들

⑧ 치클론 비, 그리고 집단학살수용소
아우슈비츠 감옥 안의 사람들을 죽인 치클론 비

⑨ 독침과 독화살
독성 무기 이야기, 신화 속의 독화살 이야기

⑩ 독을 섭취하며 스스로 미라로 변해 간 승려
일본 불교의 한 종파인 진동의 승려 고보대사 이야기
독을 스스로 선택하여 죽음을 맞이한 사람의 사례 "소크라테스, 클레오파트라, 아돌프 히틀러"

⑪ 살금살금 다가오는 한 마리 거미
독 채취를 위하여 7만 마리의 거미를 키우는 척 크리스턴슨의 회사 스파이더팜의 이야기

⑫ 처음 베어 문 한 입이 마지막 한 입이 될지도 모를 때

왕의 식사에 독이 들어있을지를 미리 시험하는 시식 시종의 이야기. "최근 들어 시식 시종으로 고용될 기회는 줄고 있다. 영국 버킹검 궁전은 시식 절차가 공식적으로 없다고 말한다. "인부들은 철저한 조사를 거친 후 고용되죠." 대변인은 말한다. 미국의 조지 W. 부시 대통령은 해군 취사병들에게 그 임무를 맡기지만, 일본 국왕은 이미 오래전부터 시식 시종을 고용하지 않았다. 타이 정부의 주방에서는 사람이 그 일을 하지 않는다. 그곳에서는 다수의 흰쥐들이 보건부의 지휘 아래 연회상에 오를 음식을 시식하는데, 타이 정부에서는 이를 고용 기회의 평등 사례로 제시하기도 한다."

— 캐시 뉴먼, 내셔널 지오그래피 한국판, 2005년 5월호

이상의 기사는 화학 분야의 주제라 할지라도 한 편의 피처 기사를 쓰기 위해 다양한 문화, 역사, 문학 등의 지식이 동원되어야 함을 말해 준다. 위에 제시된 것에 덧붙여 문학서 『장미의 이름』 속에 나오는 '비소' 이야기를 떠올릴 수 있다. 움베르토 에코의 소설인 이 책에는 비소가 소재로 등장한다. 한 수도사에 의문에 쌓인 죽음이 자꾸 일어난다. 살해된 수도사들은 모두 도서관 장서나 필사를 하는 학승이다. 수사과정에서 문제의 책이 사인이었음이 드러난다. 수도원의 한 고참 수도사가 아리스토텔레스의 시학2가 세상에 알려지는 것을 꺼려하여 그 책에 비소를 발라 두었던 것이다.

기존의 잡지에서 다루어졌던 주제라 할지라도 더 많은 다양한 정보성을 취재, 연구하여 더욱 흥미로운 기사를 만들 수 있는 것이다. 좋은 피처 자

료가 되기 위해서는 다독, 다경험, 다사고의 습관이 필요할 것이다.

## ② 이 시대가 인식해야 할 가치에 대해 집중하기

피처 기자는 문화 콘텐츠 창작자 중의 한 사람이다. 문화(文化)란 자연 상태 그대로의 모습이 아니라, 일정한 목적 또는 생활 이상을 실현하고자 사회 구성원에 의하여 창조, 습득, 공유, 전달되는 행동 양식이나 물질적 소득, 정신적 사유의 형태를 말한다. 이러한 내용을 매체에 담길 수 있는 것으로 표현해 내는 것이 문화콘텐츠인데, 피처 기사는 대중들과 손쉽게 가까이에서 메시지를 전할 수 있는 아주 좋은 문화콘텐츠가 된다. 문화콘텐츠로서의 피처 기사는 이 시대의 문화를 좇아가며 그 형태를 표현해 내는 추종자가 될 수도 있지만, 나아가 새로운 사유의 형태를 만들어 가는 창조자가 될 수도 있다. 피처 기자가 기사 속에서 지향하는 가치가 무엇인가에 따라 독자들의 마음을 움직일 수 있고, 이런 것들이 모이면 사회적 분위기가 달라질 수 있다. 물론 전적인 기여를 하거나 즉각적 영향력을 가지는 것은 아니나, 결코 간과해서 안 되며, 책임감과 사명감을 가지고 고민하여 임해야 할 문제이다.

이 책의 1장에서 언급했듯이, 사람이 살아가는 데에 있어서 삶과 관련하여 생각해 볼 '가치'라는 것은 "사람들이 어떤 내용을 소중하게 여기며 살아가는가?" 하는 문제와 연관될 것이다. 사회, 문화, 경제, 정치, 교육, 의·식·주 등 다양한 영역에서 우리들이 지향하는 가치가 있을 것이고, 영역을 막론하고, "잘 사는 것, 사랑하며 사는 것, 남을 배려하는 것, 남에게 피해를 주지 않는 것, 남을 돕는 것, 이기적으로만 생각하지 않는 것,

정서적으로 안정되고 충만한 것"과 같은 중요 가치도 거론될 수 있을 것이다. 피처 기사는 이러한 가치적인 것을 기반으로 하여 창조되어야 한다. 이런 가치를 논해야 한다면 피처 기사가 무슨 논설, 칼럼, 기획 기사냐고 반문할 수도 있을 것이다. 그런 것이 아니라, 피처 기사는 어디까지나 독자들에게 흥미를 유발하면서 공감을 줄 수 있는 좋은 글을 담아야 하는데, 좀 더 진지하게 사회의 발전을 도모하는 주제와 내용을 담아야 한다는 절실함에 대해 피력하고 있는 것이다.

사회가 평안하고 행복할 때, 문화콘텐츠 창조자들은 그것을 한껏 향유하는 문화 활동을 하면 될 것이다. 그러나 현재의 우리 사회는 평안하지가 못하다. 개개인의 삶이 안정되고 살만하다 할지라도, 주변에 자살률과 범죄율이 높고, 거짓이 난무하며 정치와 교육 현장에서 일어나서는 안 될 일들도 많이 일어나고 있다. 세상이 이러한데, 어찌 이런 세상을 바로잡아야겠다는 사명감을 느끼지 않을 수 있는가? 이런 점에서 피처 기사를 만들어내는 피처 기자들도 중요하고 심도 있게 우리 사회에 청신호 역할을 할 주제가 무엇인가에 대해서도 고민하면서 피처 기사를 창작하면 좋을 것이다. 기사를 싣는 잡지의 특성이 사회, 경제, 여가, 교육, 의료 등 매우 다양하므로 현대 사회의 전반적인 불행한 현상에 대한 사명감을 모든 영역에서 고민하자고 말하는 것은 계란으로 바위를 깨보자는 식이 될 수 있다. 그리고 피처 기사가 그런 큰 가치관의 문제를 얘기해야 하는 사명감을 본질적으로 가지고 있는 것은 아니라는 점에 대해서는 두말할 나위도 없다. 여기서 강조하고 싶은 것은 우리 시대에 작은 잡지의 작은 기사 하나마저도 이 시대의 아픔을 함께 고민할 수 있어야 한다는 것이다.

그런데 이제까지 무수히 많은 말과 글이 작성되었으나, 아직 우리 사회에 절절한 깨달음을 불러 올만한 지성적 접근이 이루어지지 않고 있다. 정치판은 서로가 자기 주장하느라 대화, 토론의 기본적 방식을 외면한 채 자기 소리만 하고 귀를 닫으면 그만이고, 사회는 연속하여 사회 문제가 발생했다는 보도만 한다. 우리 시대에 지성인이 없는 것이 아니다. 자칫 말한 번 잘못하면 인터넷에 거론되고 사회적으로 힘든 시련을 겪어야 하기 때문에 모두 말조심을 하며 본질적 문제를 거론하지 않고 있는 것이다. 이런 점에서 볼 때, 좋은 피처 기사의 요건으로 들은 '이 시대가 인식해야 할 가치에 대해 집중하기'는 용기 있는 지성을 필요로 하는 일이 된다.

### (2) 매력 있는 피처 기사만의 문체 구사하기

피처 기사의 성공 여부는 전적으로 피처 기사의 글쓰기 능력에 달려 있다고 해도 과언이 아닐 것이다. 보도 기사는 그 내용이 현실에서 일어난 것을 바탕으로 하고 그것을 편집하는 것이므로 글의 집필이 특별한 특색을 가져야 하거나 그런 것이 아니라 보도 기사의 형식에 충실하면 된다. 그러나 피처 기사는 피처 기자의 개인적 문체가 구사될 수 있다. 좋은 주제를 특색 있는 지성과 감성으로 다루는 필력을 보여 주어야 한다.

좋은 주제의 충실한 내용으로 이루어진 글, 그리고 의미적으로 문법적으로 부족함이 없는 글이 넘어야 할 마지막 관문은 바로 표현의 설득력을 획득하는 일이다. 피처 기사는 보도 기사와는 달리 피처 기사의 특색 있는 문필력을 필요로 한다. 글의 내용에 독자들이 '어? 흥미로운데?' 반응하면서 몰입될 수 있어야 한다. 그러기 위해서는 앞에서 말한 것처럼 중요한 가치를 담은 창의적인 주제를 바른 문장으로 충실하게 표현하되, 표현된 문장들이 인상 깊고 설득력이 있어야 할 것이다. 인상적인 표현이 되기 위해서 어휘 구사력, 문장 수사력, 논술력 등의 필력이 요구된다.

가령 '그 음악은 나에게 많은 감동을 주었다'라는 표현보다는 '마치 마른 모래에 바닷물이 스며들 듯, 무한한 감동에 젖어 들었다' 하는 식의 표현이 이미지 전달에 도움이 될 것이다. 또한 누군가를 설득해야 할 글이라면 정당한 논리를 뒷받침하는 힘 있는 서술을 해야 할 것이다. 같은 뜻의 문장이라도 '아' 다르고 '어' 다른 법이다. 강조법, 대조법, 점층법 등의 수사법을 적절히 동원하여 문장을 쓰는 것이 좋다.

그렇다고 하여 피처 기사에 수사법을 써야 좋다는 얘기는 아니다. 수사법을 적절히 이용하여 문장을 구사할 수도 있고, 수사법 없이 간결하게 써 내려 가면서 힘 있고 빠른 진행을 보이는 문체를 구사할 수도 있다. 글에는 주제, 내용과 어울리는 문체가 있고 사람들은 자신의 고유한 문체를 가지고 있다. 내용에 어울리는 문체와 자신의 문체를 적절히 고려하면서, 글의 문체가 간결체라면, 일어일구에 긴축이 있고 선명한 인상을 주도록 문장 구성을 해야 할 것이다. 글의 문체가 만연체라면, 비유의 수사법을 써서 참신한 이미지 구현을 해 보는 것이 좋다.

여기서는 표현이 잘 되었다고 생각되는 에세이 몇 예문들을 예로 들어 인상적인 표현이란 어떤 것인가를 생각해 보는 기회를 가져 보기로 한다.

**예** 『김훈 에세이 자전거 여행』의 몇 예문
　(1) 자전거를 타고 저어갈 때, 몸은 세상의 길 위로 흘러나간다. 구르는 바퀴 위에서 몸과 길은 순결한 아날로그 방식으로 연결되는데, 몸과

길 사이에 엔진이 없는 것은 자전거의 축복이다. 그러므로 자전거는 몸이 확인할 수 없는 길을 가지 못하고, 몸이 갈 수 없는 길을 갈 수 없지만, 엔진이 갈 수 없는 모든 길을 간다.

(2) 매화는 잎이 없는 마른 가지로 꽃을 피운다. 나무가 몸 속의 꽃을 밖으로 밀어내서, 꽃은 품어져 나오듯이 피어난다. 매화는 피어서 군집을 이룬다. 꽃핀 매화숲은 구름처럼 보인다. 이 꽃구름은 그 경계선이 흔들리는 봄의 대기 속에서 풀어져 있다. 그래서 매화의 구름은 혼곤하고 몽롱하다. 이것은 신기루다. 매화는 질 때, 꽃송이가 떨어지지 않고 꽃잎 한 개 한 개가 낱낱이 바람에 날려 산화(散華)한다. 매화는 바람에 불려가서 소멸하는 시간의 모습으로 꽃보라가 되어 사라진다. 가지에서 떨어져서 땅에 닿는 동안, 바람에 흩날리는 그 잠시 동안이 매화의 절정이고, 매화의 죽음은 풍장이다.

(3) 새로 돋아난 봄 냉이를 엷은 된장에 끓인 국이 아침 밥상에 올랐다. 모시조개 몇 마리도 국 속에서 입을 벌리고 있었다. 새벽에 자전거를 타고 나가서 공원을 몇 바퀴 돌고 오니까 현관문을 열 때 집 안에 국 냄새가 자욱했다. 냄새만으로도 냉이국이란 걸 알아맞혔다. 아내는 기뻐했다. 국 한 모금이 몸과 마음속에 새로운 천지를 열어주었다. 기쁨과 눈물이 없이는 넘길 수가 없는 국물이었다. 국물 속에 눈물이 섞여 있는 맛이었다. 겨울 동안의 추위와 노동과 폭음으로 꼬였던 창자가 기지개를 켰다. 몸 속으로 봄의 흙냄새가 자욱이 퍼지고 혈관을 따라가면서 마음의 응달에도 봄풀이 돋는 것 같았다.

(4) 대나무의 삶은 두꺼워지는 삶이 아니라 단단해지는 삶이다. 대나무는 죽순이 나와서 50일 안에 다 자라버린다. 더 이상은 자라지 않고

두꺼워지지도 않고, 다만 단단해진다. 대나무는 그 인고의 세월을 기록하지 않고, 아무런 흔적을 남기지 않는다. 대나무는 나이테가 없다. 나이테가 있어야 할 자리가 비어 있다.

(5) 뻘에는 수억만 개의 구멍이 있다. 갯지렁이는 구멍 위로 머리를 내놓고 산다. 이 구멍들이 뻘에 공기를 불어넣어 갯벌은 숨쉰다. 그것들이 살아가는 꼴에는 이 세상 먹이사슬 맨 밑바닥의 비애와 평화가 있다. 그리고 구태여 고달픈 진화의 대열에 끼여들지 않은 시원(始原)의 순결이 있다.

(6) 공깃돌만한 콩털게와 바늘 끝만한 작은 새우들도 가슴에 갑옷을 입고 있다. 그 애처로운 갑옷은 아무런 적이나 방어 의지도 없이, 다만 본능의 머나먼 흔적처럼 보인다. 그래서 바다의 새들이 부리로 갯벌을 쑤셔서 게와 조개를 잡아먹을 때, 그것들의 최후는 죽음이 아니라 보시이다.

(7) 지금, 5월의 산들은 새로운 시간의 관능으로 빛난다. 봄 산의 연두색 바다에서 피어오르는 수목의 비린내는 신생의 복받침으로 인간의 넋을 흔들어 깨운다. 봄의 산은 새롭고 또 날마다 더욱 새로워서, 지나간 시간의 산이 아니다. 봄날, 모든 산은 사람들이 처음 보는 산이고 경험되지 않은 산이다. 그리고 이 말은 수사가 아니라 과학이다.

(8) 마암분교 아이들 머리 뒤통수 가마에서는 햇볕 냄새가 난다. 흙 향기도 난다. 아이들은 햇볕 속에서 놀고 햇볕 속에서 자란다. 이 아이들을 끌어안아보면, 아이들의 팔다리에 힘이 가득 차 있고 아이들의 머리카락 속에서는 고소하고 비릿한 냄새가 난다. 이 아이들은 억지로 키

우는 아이들이 아니다. 이 아이들은 저절로 자라는 아이들이다. 아이들은 나무와 꽃과 계절과 함께, 저절로 큰다.

위의 문장들은 피처 기사가 아니라 에세이의 예이다. 이런 문체를 예로 든 것은 자연에 대해 대상에 대해 창의적인 발견을 하면서 의의를 부여하고 그 생각을 정교하게 표현함으로써 감성적인 문체를 구사하는 방식을 보이고자 함이다. 그런가 하면 이렇게 화려한 구사가 아니라 간결하면서도 인상적인 단어를 구사하여 힘 있는 문체를 구사할 수도 있다.

**예**

(앞 부분 생략) 풍물에 쓰이는 악기들은 각각 특징을 가지고 있다. 번개 소리에 비유되는 꽹과리는 전체적인 풍물판을 이끄는 역할을 한다. 타악기임에도 장구처럼 가락이 있다. 징은 바람의 소리에 비유된다. 다른 악기 소리가 하나로 모일 수 있게 감싸 주는 역할을 한다. 전 세계에서 징처럼 두꺼운 쇠로 만들어진 악기는 없다고 한다. 외국인들이 가장 신기해하는 전통 악기이기도 하다. 가락은 단순하지만 전체적인 판을 아우르는 악기이기 때문에 풍물을 모른다면 징을 잡을 수 없다.
북은 구름 소리에 비유된다. 크고 웅장하며 힘찬 소리는 굉장히 매력적이다. 북은 심장을 울리는 소리라 할 수 있다. 장구는 빗소리에 비유되는 악기이다. 북소리의 빈 부분을 채우며, 소리가 잘 어우러질 수 있도록 하는 역할을 한다. 타악기 중 유일하게 높은 소리와 낮은 소리를 동시에 낼 수 있다는 특징이 있으며, 이 때문에 하늘과 땅이 조화를 이루는 악기라 할 수 있다. 또 장구는 악기를 치는 것만 중요한 것이 아니라 장구를 칠 때의 몸짓도 연주에 속한다. 소고는 소리보다 소고를 쥔 사람의 몸이 악기라고 할 수 있다. 온몸으로 연주하는 풍물판의 꽃이라고도 한다.

풍물은 악기가 하나라도 빠지면 신명이 나지 않을 정도로 모든 악기의 조화가 중요한 놀이다. 모든 악기가 잘 어우러진 풍물놀이를 보고 있자면 온몸이 절로 들썩거린다. 풍물판을 더욱 신나게 해 주는 마지막 요소는 바로 구경꾼들의 추임새다. 구경꾼들이 신명에 겨워 지르는 고함소리나 박수가 전체적인 흥을 돋우는 중요한 요소가 된다. (하략)

—"전통 풍물의 신명에 푹 빠졌죠", 한류스토리, 2013. 8.

위의 피처 기사는 풍물 악기들의 소리 특징을 절묘하게 묘사하고 있다. 사람들은 미처 생각지 못했던 소리 인상들에 대해 공감을 할 수 있다. 전통적인 풍물 악기들이 어우러지면서 어떻게 신명 나는 음악을 만들어낼 수 있는가에 대한 피처 기자의 깊은 이해를 바탕으로 하는 글이라고 할 수 있다. 설령 이러한 묘사가 피처 기자의 독창적 묘사가 아니라 이미 이전에 누군가가 그러한 소리 인상을 규정해 놓았다고 하더라도, 문제는 그러한 소리 인상에 대해 치밀하고 감성적인 묘사를 이 글의 구성 속 한 부분으로 실어야겠다고 결정하고 그런 묘사를 행했다는 점이 될 것이다. 각종 피처 기사는 모두 그 피처 기사만의 독특한 특징이 살아있어야 한다. 그럴 때 가장 중요한 점은 피처 기자의 주제를 살리기 위해 필요한 정보력 있는 내용, 그리고 그것을 필력이 살아 있는 묘사, 서사, 기술, 설명 등의 문장으로 구성하는 일일 것이다.

## (3) 글쓰기의 일반적 원칙을 잘 지키기

앞의 2장에서 보도 기사의 요건으로 글쓰기의 일반적 원칙을 잘 지켜야 한다는 점을 들었는데, 피처 기사도 역시 마찬가지이다. 문장론에 맞는 문장을 구사해야 하며 어법에 맞게, 빠진 글자나 틀린 글자 없게 정밀한 교열과 교정을 해야 할 것이다. 이에 대한 내용은 앞의 2장에서 언급했으므로 여기서는 생략하기로 한다.

## 03 | 피처 기사 실습

위에서 좋은 피처 기사의 요건으로서 주로 핵심적이고 본질적인 가치의 문제에 주안점을 두었다. 여기서는 피처 기자가 실제 기사를 만들 때 경험하게 되는 일들에 대해 살펴보기로 한다.

### (1) 1인 다역의 피처 기자(피처 에디터)

이 책에서는 피처 기사를 쓰는 사람을 피처 기자라고 일컫고 있으나 잡지계에서는 피처 에디터란 말을 더 많이 쓴다. '에디터(Editor)'란 편집인이란 뜻인데 실제로 잡지 발간의 현실은 1인 다역의 역할을 한다. 아이템을 구상하고, 채택된 주제를 기획하고, 대상을 섭외하여 취재하고, 글을 쓰고, 지면에 실릴 기사의 사진, 이미지 컷까지도 구성하는 것을 맡는다. 큰 잡지 회사로 조직이 제대로 갖추어진 곳이라면 이러한 다양한 일이 전문적으로 세분화되어 이루어지지만, 한국의 대부분의 잡지사는 그렇지가 못하다. 그러다보니 피처 에디터는 기획력, 문장력, 디자인 구성력 등 만능의 능력을 발휘해야 한다.

또한 늘 새로운 기획과 문제의식을 가지고 다양한 내용들을 만들어내는 창조의 작업을 해야 하므로, 피처 기자는 항상 깨어 있는 정신으로 세상사를 호기심을 가지고 즐기면서 파고들어 지식의 영역을 넓히고 잠들지 않는 사유 활동을 할 필요가 있다.

### (2) 피처 기사 집필

피처 기사의 구성은 일반적으로 제목, 리드, 본문으로 이루어진다. 본문 안에는 다시 전개 과정상 필요한 글의 구성으로, 시작, 전개 마무리 부분으로 짜인다. 좋은 피처 기사는 제목과 리드와 본문 삼박자가 딱딱 잘 조화되며 어울릴 때 이루어질 수 있으며, 본문에서도 시작과 전개, 그리고 마무리가 잘 연계되면서 구성되어야 독자들에게 좋은 인상을 남길 수 있다. 구성적으로 잘 조화를 이루는 것, 그리고 각 부분에서 감성과 지성을 잘 표현하는 것 모두를 종합적으로 고려하면서 피처 기사를 써야 한다. 그러면, 이러한 구성별로 중요한 요건들을 살펴보기로 하자.

### ① 제목

피처 기사에서 제목은 독자들의 이목을 집중하여 그 글을 읽어봐야겠다는 생각이 들게 하는 중요한 부분이 된다. 바쁜 사람들이 대충 훑어 내려가는 중에 눈에 확 띄게 들어오는 제목은 어떤 요건을 갖춘 것일까? 물론 사람 개개인의 성향과 필요성 등이 관건이 될 것이다. 그럼에도 불구하고 사람들의 호기심을 자아내면서 한 번 그 기사를 읽어보고 싶은 마음이 들도록 하는 제목의 특성이 있을 것이다.

사람들이 잡지를 읽고 싶은 시간은 한 권의 책을 읽는 독서 시간을 위한 때가 아니라 잠시 찻집, 은행, 병원, 미장원 등에서 시간을 기다릴 때, 그리 길지 않은 휴식의 시간, 또는 무료함을 달랠 그런 시간일 것이다. 그럴 때 잠깐 뽑아들었을 때, 빠르게 목차도 일별하고 그러면서 잡지의 페이지를 넘길 것이다. 그랬을 때, 일단 평범하게 서술된 제목보다는 톡톡 튀는 매력이 돋보이는 제목이 눈에 들어올 것이다. 적절하게 감성을 터치하면서 짧은 문장 하나로도 '아, 이건 무엇에 관한 기사겠구나.'를 대략 파악할 수 있을 정도의 정보성을 줄 필요가 있다. 확 눈에 띄게 하기 위해 '뭐지?' 하는 의문이 들게 하면서 일말의 짐작도 못하게 된다면, 바쁜 현대인들이 그걸 파악하고자 그 기사를 읽으려는 것이 아니라, 그냥 지나치게 될 것이다. 반면 본문의 내용을 너무 복잡하게 제목에 다 담으려고 하면 사람들은 읽기도 전에 너무 무거움을 느끼게 될 것이다. 적절히 단순하며 적절히 감성과 정보성을 담은 것, 그런 제목을 추구해 보면 좋을 것이다.

제목을 붙이는 방식은 열 개의 기사라면 열 개의 방식이 있을 수 있으나 대략 몇 유형을 살펴보면서 피처 기사의 제목에 대한 감을 잡아보도록 하자.

**예**

• 글의 주제 제시
  앤드루 카네기의 나눔 철학
  겨울 외투의 진화
  익명과 침묵의 사람들 노량진 20대

- 개괄적 내용을 정리

  한국 배우러 나는 코리아로 간다

  창의적인 직업으로 인생 2막 열기

  국내여행 떠나야 비로소 보이는 것들

- 신 개념어 제시

  한류 3.0, 쌍방향 문화교류로 열어가야

- 주제를 표현하는 개념어 제시

  난독중 환자들의 나라

- 유명 인물 이름과 사연 제시

  류현진 · 추신수가 불붙인 'ML 스포츠 한류'

  13억 대륙을 홀린 '송혜교류'

- 기성의 표현 패러디

  교양, 우아하거나 무식하지 않거나

  아르헨티나 셀위탱고, 부에노스아이레스

- 부분으로 전체를 표현한 제목

  "아빠…문이 안 열려요" vs 대구지하철 200여 명 사망실종

- 간절함, 최대치 표현

  오늘이 아니면 시작할 수 없는 인터뷰

  여기가 진짜 미국이라오

  흥미진진, 겨울 이색 스포츠

  최고 중 최고가 모여 있는 곳

- 상징성 담아 제시

  그의 손에서 탄생한 울림이 있는 종소리

위의 몇 유형의 제목들을 보면 서로 중복되는 것도 있음을 알 수 있다. 예를 들어 부분으로 전체를 표현하는 제목이 간절함의 표현일 수도 있고, 상징성을 담은 것이 주제의 표현일 수도 있다. 피처 기사의 제목은 피처 기사의 내용을 가장 집약적으로 제시하면서 가장 매력적인 옷을 입고 있어야 한다. 그런데 '매력'이라는 것은, 진솔할 때, 새로울 때, 서정성이 녹아 있을 때, 호기심을 자아낼 때, 아픈 곳을 찌를 때, 가려운 곳을 긁을 때 등 한 마디로 표현할 수 없어서 과연 어떤 제목을 붙이는 것이 좋을까 하는 문제는 결코 쉽지가 않은 것이다. 깊이 궁리하고, 길을 가다가도 제목을 다르게 바꾸어 보고, 전혀 다른 관점에서 다시 접근해 보는 등의 노력이 필요할 것이다.

② 리드 문장

리드(Lead)는 마치 어떤 집에 들어갈 때 일단 현관에 들어서듯이, 본문이 시작되기 전 몇 문장으로 먼저 선보이는 자리이다. 보도 기사에도 리드 문장이 작성되는데, 보도 단신의 경우에는 리드 없이 본분의 기술이 이루어지는 경우가 많으나, 피처 기사는 대부분 한 쪽 이상의 분량이므로 한 단락 정도의 리드 문장이 작성된다.

리드는 본문의 내용을 압축한 예고편 같은 것이다. 이 예고편을 통해 앞으로 나올 기사에 대해 읽고 싶은 마음이 생기게 유도해야 하므로, 기사 전체에 대한 대략의 개괄적 소개뿐 아니라 이 기사를 끝까지 읽도록 하는 '사탕발림'적 요소, 또는 '한 방에 와 닿는 감각적인 어휘의 조합'도 가미된다. 대략 4,5줄 되는 리드를 잘 써야 하는 관계로 본 기사보다 더 톡톡 튀되, 전체적인 기사와 톤 앤 매너를 잘 맞춰야 한다. 그래서 때로는 기사 전체보다 리드 문장 쓰는 것이 더 어렵다고 말하는 에디터들도 많다. 기사를 다 쓰고 나서 꼼꼼 읽어보고 정리하며 리드를 완성하는 경우도 많고, 리드를 써놔야 전체 기사의 방향이 정해지는 것 같다고 해서 먼저 리드를 작성하고 본문을 시작하는 경우도 있다.

리드 문장에 구태의연한 교과서적 단어의 조합을 하는 것도 재미가 없지만 가장 위험한 것은 겉멋에 겨워 본문 내용과는 빗나가는 리드를 쓰는 것이다. 리드에서 예고된 것은 반드시 본문 내용에 나와야 한다. 또한 일상성을 다소 벗어나서 리드 문장을 조금 색다르게 쓰는 것이 필요하다. 그렇게 하기 위해 "시각의 다양화, 어휘의 변화, 형식의 파격"을 시도하면 좋다. 리드 문장을 쓸 때, 이런 저런 생각으로 다양하게 생각해보다가, 이 어휘 저 어휘 넣어보고, 그러다가 이번 리드는 반말로 해볼까, 옛 고어처럼 나가볼까, 아니면 공문서 어투처럼 나가볼까, 등등의 다양한 궁리를 해보면 좋을 것이다.

몇 예를 들면서 리드 문장을 어떻게 써야 할지 감을 잡아 보도록 하자. 다음의 예들은 학생들의 리드 문장을 〈더스토리커뮤니케이션〉의 이화정 기자가 고친 것이다.

**예**

• 끝나지 않을 것 같았던 겨울이 어느새 우리 곁에 머무른 봄에게 그 자리를 내어주었다. 봄기운이 캠퍼스의 여기저기를 갖가지의 꽃으로 물들였는데, 파스텔 톤으로 물들여진 상명 캠퍼스의 봄빛 향기 속으로 함께 떠나보자.

·····▶ 영원할 듯 했던 무채색의 겨울은 가고, 파스텔 톤의 봄기운이 우리 곁을 점거했다. 어느덧 교정을 뒤덮은 꽃향기가 강의실과 도서관 책갈피 사이를 넘나든다고 하는데…. 상명대에 찾아온 봄의 발길을 그대로 따라가는 짧은 여정!

• 봄이 다가온 교정 내에 따뜻한 오후 햇살이 밀려들어 오고 있다. 과연 대학생들이 느끼는 봄의 기운은 무엇이 있을까? 상명대학교를 방문하여 그들의 생각과 교내 풍경을 둘러보자.

·····▶ 봄은, 그를 기다리는 교정을 향해 어떻게 화답하고 있을까? 우리가 피부로 느끼는 이 따뜻한 기운은 그가 보낸 전령사인 듯하다. 상명인이 만난 이 계절의 변화는 과연 어떤 것인지 궁금하다. 캠퍼스에 자리한 봄, 상명인의 가슴 속에 찾아온 봄을 동시에 만나보자.

• 때는 바야흐로 정오라 불리는 12시. 주린 배를 쥐어 잡고 많은 학생들이 찾게 되는 학생회관의 학생식당은 캠퍼스 안에 있다는 편이성과 타 식당보다 저렴한 가격을 지니고 있는 경제성이라는 두 마리 토끼를 잡고 있으면서도 정작 중요한 학생들의 신뢰라는 것에는 무감각한 듯하다. 이번엔 학생식당의 문제점과 낮아져 가는 평판에 대해 생각해 보기로 하자.

·····▶ 굶느니 학생식당 간다? 무엄하게도, 이것이 우리네 학생식당의 현주소다. '가깝고' '싸다'는 장점 외에는, 정작 '학생들의 신뢰'라는 완벽한 밥상에 무심한 듯하니 우리에겐 배고픔보다 속 쓰림을 더 느끼게 한다. 학생식당의 복지는 과연 먼 것일까? 학생과 식당업자, 그리고 학교 측이 말하는 학생식당의 문제점과 하락하는 평판에 대해 이야기 해보자.

위의 교열 내용을 살펴보면, 평범하고 예사로운 표현을 지양하면서 조금 더 강렬한 문장 인상을 주도록 표현을 바꿈으로써 훨씬 더 생동감이 넘치는 효과를 얻고 있음을 알 수 있다. 이화정 기자는 "학생들 기사를 잘 읽어보았습니다. 리뷰를 하다 보니, 리드가 너무 죽어있는 거 같네요. 좀 서툴더라도 생명력을 좀 불어넣으면 재미있을 텐데 하는 생각이 들었어요. 같은 표현이라도 '살을 에는듯한 추위가 엄습하다'는 너무나 문어체적이고 구태의연한 표현이잖아요. 대신 '미니스커트 입고 왔더니 허벅지 살이 떨어져 나갈 것 같네, 덜덜덜' 하는 표현이 훨씬 와 닿죠. 여러분의 리드의 공통적인 문제는 이것을 나중에 후손들이 읽었을 때, 70년대 문장인가 90년대인가 구분이 안 된다는 거죠. '바야흐로 2011년 가을의 표현이로구나' 하는 생각이 들도록 시의성 있는 표현을 해줍시다. 요즘 유행하는 단어나, 말투, 그리고 사건과 관심사 공부가 필요한 거죠. 즐겨보는 잡지 몇 권만, 아니 기사 몇 편만 읽어도 정리가 한결 수월해질 듯해요."라고 조언한다.

다음 예들은 피처 에디터 이화정 기자가 소개하는 리드 문장이다. 각 예를 보면서 평범하지 않게 생명력을 불어 넣는 문장 구사력을 잘 관찰해 보면 좋을 것이다.

**예**

노래와 같은 인생을, 노래처럼 부르며 살았다. 인순이는 모든 이야기를 또박또박 힘주어 말했다. 무한한 화산을 뿌리로 삼고 우물처럼 길어 올린 말늘에는 하나의 망설임도, 거짓도 없었다.

—인순이 인물인터뷰 리드

쇼핑관광 랜드마크 여주 프리미엄 아울렛 1호점에 이어 파주 프리미엄 아울렛 2호점이 2011년 3월 드디어 그 모습을 공개했다. 총 160개의 브랜드를 서울에서 최대 40여분 거리에서 만날 수 있어 숨겨진 쇼핑본능을 자극하기에 충분한 그 곳을 소개한다.

—파주 프리미엄 아울렛 가이드 소개 리드

내 손으로 꾸민 방에서 엄마의 잔소리 없이 늦잠 잘 수 있는 여유, 친구들과의 홈 파티를 꿈꾼다. 갖고 싶은 가구와 예산의 딜레마, 컵라면과 빨래 핵폭탄 사이에서 갈등하는 나, 무계획으로 달려들지 말고 단계별로 접근해야 한다. 당신을 도울 수 있는 구원투수 원룸라이프 고고!

—원룸 라이프 조사단 기사 리드

만원 한 장으로 얼마만큼 행복을 누릴 수 있을까? 밥 한 끼? 커피 두 잔? 만원 한 장 들고 누릴 수 있는 행복을 찾아 홍대 앞을 구석구석 뒤졌다. 당신의 지갑에 얼마가 들어있느냐는 중요하지 않다. 한껏 즐거워지려는 당신의 마음뿐!

—홍대, 1만원의 행복 기사 리드

집에서 작업을 한다는 것은 하나의 우주를 온전히 품고 사는 것과 같다. 일과 생활이 잘 분리되지 않는다는 단점에도 불구하고 집이 주는듯한 매력을 포기하지 못하는 부러운 욕심쟁이들. 그들의 아름다운 소울 스페이스를 탐색하다.

—아티스트들의 작업실 탐방 특집 리드

피처 기사에서 리드가 차지하는 비중이 지대한 만큼 독자를 흡입하는 요소가 리드 문장에 있어야 한다. 문필력은 글을 쓰려고 하는 대상이나 사안에 대해 가장 널리 깊이 알고 완전히 파악하고 있을 때 비로소 핵심 단어가 도출되면서 수려하거나 매력 있는 글발이 뿜어져 나올 수 있는 것이다.

③ 본문

본문에서는 다루어야 할 모든 이야기를 하는 곳이다. 제목과 리드의 내용에 합치하여야 하고 미진함이 없이 잘 다루어져야 한다. 각 문장의 서술에서 가장 적절한 단어와 조사, 어미, 문장 형식을 사용하고, 정확한 단락 인식을 가지고 올바른 문장 작법에 충실한 글을 작성해야 할 것이다. 다음 예를 하나 보면서 문장 쓰는 법에 대해 함께 생각해 보기로 하자. 학생 실습 문장을 하나 실어, 이화정 피처 기자의 교열을 곁들여 보기로 한다(교열 내용을 고딕체로 표기하기로 함).

예 피처 기사
빛 좋은 개살구, 페스티벌이라던 동네잔치, 제 2회 강남 패션 페스티벌
····▶ 강남구도 소문난 잔치엔 먹을 것 없다? 제2회 강남패션 페스티벌
····▶ 패션도, 잔치도 없었다, 누구를 위한 강남패션 페스티벌?
※ 제목에 페스티벌이란 말이 두 번이나 들어가서 임팩트 있게 전달이 안
　　되는 아쉬움이 있네요.

리드 : 우리나라는 바쁘다. (····▶ '우리나라는'보다 '대한민국은' 바쁘다.
가 더 파워풀한 서두일 거 같이요.) 무역수지는 적자를 달리고 있고 경세
는 하루하루 순탄치 않은 항해를 계속하는 가운데 관광 쪽으로 자생의

움직임을 보인다. 그동안 등한시했던 부분으로 눈길을 돌려 부각시키는 가운데 해외 자본을 벌어보겠다는 것이다. 그 예로는 서울의 디자인도시 설정, 각 지역의 특색화가 있는데 지난 7월 25일 정부가 지정한 '청담·압구정 패션특구'는 그 중의 하나라고 여기면 된다. 그리고 청담·압구정 패션특구지정 기념 강남패션페스티벌이 9월 25일부터 27일까지 3일간 펼쳐졌다. 그런데 분위기가 영 심상찮다?(····➤ 시원치않다)는 여론이다. (※ 힘있는 어투로 전문을 전개하고 있는데 뉴스멘트로 치면 살짝 삑사리가 남. 문장 마무리가 좀 튀네요. ^^) 호평이 봄날의 꽃처럼 만발해야 될 텐데 새색시에게 퍼붓는 시어머니의 핀잔 같은 혹평이 줄지어 서 있다. (※ 시어머니, 봄날의 꽃, 새색시… 모두 이런 성격의 기사를 쓸 때 별로 적절치 못한 표현임.) '패션특구'인 강남구에서 주최한 행사니만큼 패션 종사자와 미디어, 그리고 일반 주민들의 관심과 열정은 〈강남구 패션 올림픽〉을 방불케 하는데 정작 뚜껑을 열어보니 학예회만도 못한 수준이라는 비난과 혹평이 줄을 잇고 있다. 그 이유는 무얼까. (※ 역시 마무리가 살짝 힘이 없네요.^^ 소녀가 우리 앞집 오빠가 날 피하는 이유는 뭘까 궁금해하는 거 같아요. "그 이유는 무엇일까?" 또는 "〈고병재뉴스〉 사회팀에서 현장 취재에 나섰다." 이런 마무리는 어떨까?)

정부가 지난 7월 25일, 언젠가는 행할 거라 예상했던 일을 실천에 옮겼다. 바로 세계적인 명품패션숍이 밀집되어 있는 청담동 패션거리와 젊은 유행으로 가득 찬 압구정동 일대를 패션특구로 지정한 것. 맹정주 강남구청장은 "패션특구에 289억원의 예산을 투입하여 패션선진국과 경쟁할 수 있는 패션과 예술이 공존하는 세계적인 패션명소로 조성할 것."이라며 당찬 포부를 밝혔다.

허나 정작 강남 청담·압구정 패션특구지정 기념으로 9월 25일부터 27일까지 3일간 펼쳐졌던 제 2회 강남패션페스티발은 빛 좋은 개살구모

양으로 허울만 좋았을 뿐, 내용물은 턱없이 형편없었다는 평이 지배적이다. 총 8명의 유명패션디자이너들이 강남 섬유센터(테헤란로)에서 25~26일 양일에 걸쳐 컬렉션 쇼를 선보였지만 급히 쇼를 준비한 듯 엉성한 모습들이 연출되기도 했다. 더욱이 같은 날 같은 장소에서 행해졌던 패션마켓대전 할인행사는 물량이 부족하고 물품의 종류가 턱없이 적어, 실망을 더하는 요인이 되었다.

페스티벌, 즉 축제는 주최측과 관객이 어우러져 하나의 유기적인 모습을 떠어야한다고 본다. 그런 점을 생각해보았을 때 이번 2008년 강남 패션페스티벌은 실패의 표본을 보여줬다. 주최측의 준비도 부족했을 뿐더러 홍보 또한 이뤄지지 않아 관객들은 섬유센터 홀에서 서성이는 정도의 모습 밖에 보이지 않았다. 이번 페스티벌 관계자 중 한 명은 "패션페스티벌이 무슨 코엑스에서 여는 박람회 수준처럼 보였다."면서 깊은 안타까움을 토해내기도 했다.

<u>첫 단추가 잘 꿰어져야 나머지 단추도 잘 꿸 수 있다고 한다.</u> 이 또한 '강남 청담·압구정 패션특구지정'의 기념으로 행하여진 이번 강남 패션페스티벌을 첫 단추로 보자면 그 뒤는 안 보아도 눈을 질끈 감고 싶을 정도로 참담하다. 해외관광객 유치, 세계적인 패션거리로 성장하는 기틀 마련 및 강남구 패션을 알리는 관광코스라는 큰 포부를 가지고 있다고는 생각할 수 없을 정도이다. <u>허나 비온 뒤에 땅이 굳어진다고 했던가. 첫 단추의 참담한 실패를 성공의 땅을 굳어지게 하는 비라고 여겨도 되는 것일까.</u> (※ 밑줄 그은 부분 냉정하게 잘 읽어보세요. 전체적으로 잘 쓴 기사에서 유난히 튕겨져 나오는 분위기.) 그 판단 여부는 좀 더 추이를 지켜봐야할 듯하다. (※ 시사저널이나 주간조건 같은 시사지에 한 페이지나, 일간지 지역 동향 같은 데 실릴만한 기사로 주제와 포커스가 적절하게 맞춰진 기사입니다. 실제로 많은 예산을 지원받아 졸속으로 처리되는 지역행사가 많아서 문제점을 느끼고 다들 관심을 갖고 있는데, 시사

기자다운 냉철한 시선이 느껴집니다. 관계자 인터뷰와 코멘트도 그렇고 제대로 꼴을 갖춘 기사네요. 다만 시선을 좀 끌려면 제목을 좀더 간결하고 강하고, 신선한 것으로 뽑는다면, 많은 사람들의 눈에 띄겠죠? 좋은 취재 끝에 기사 마무리가 약간 약한데요. 앞으로 추이를 지켜본다는 거 외에 해당기관의 짜임새 있는 행사진행, 전문가 조언을 통한 예산 절감, 사전홍보 효과, 정부의 예산 집행 등의 해결방법 등을 거론하며 마무리하는 것도 좋을 듯하군요.)

우리가 피처 기사를 쓸 때 취재 및 기술하고자 하는 대상에 대한 깊은 이해, 그리고 그로부터 나오는 풍부한 생각과 생각의 요점을 바탕으로 글을 씀으로써 일단은 글의 가치가 보증될 수 있다고 본다. 깊은 이해를 통한 풍부한 생각과 요점이 있으면 일단 초고에서는 일사천리로 거침없이 글이 작성될 것이다. 초고를 놓고 문장 전체의 분위기, 세세부분의 표현 등에 대해 검토하여 고치면서 처음에 나온 글과는 전혀 다른 글이 다시 탄생될 수도 있다.

④ 마무리

끝을 맺는 마무리 부분에서는 어떤 종류의 피처 기사이건 주제적, 가치관적 의의 부여 등, 강한 응집력을 보이는 것이 필요하다. 그러기 위해서는 글 전체에 대해 정리해보는 태도에서 나올 수 있는 글 내용이 작성되어야 한다. 마무리에 따라 글 전체에 대한 느낌이 달라질 수 있으므로 제목과 리드, 분문에서 이어온 기대치를 꺾는 마무리가 되어서는 안 된다. 피처 기사가 전체가 통으로 서론, 본론, 결론의 내용이라면 마무리 문장이 글 전체에 대한 마무리가 되는 것이다. 이때에 강한 단정으로 끝날 수도 있고 여운을 남길 수도 있다. 그러나 피처 기사가 다시 하위 구분이 되어 분리된 내용들로 구성된다면, 글 전체에 대한 마무리는 필요 없게 된다. 그럴 때에는 글의 각 조각에서 각 소주제에 대한 뒷받침 문장으로 짜임새 있게 글을 구성하면서 특별히 인상적인 마무리를 할 필요가 없다. 또한 맨 마지막의 글 조각에서도 특별한 마무리가 없어도 무난하다. 여기서는 글 전체에 대해 마무리를 해야 할 때, 어떤 유형들이 가능한지를 보면서 피처 기사의 마무리를 어떻게 하는가에 대해 감을 잡아보도록 하자.

**예**

• 전체를 정리하면서 글의 주제를 권유하며 끝내기

　인생의 전반기가 생존을 위한 시기였다면 은퇴 후 인생의 후반기는 자존감을 높이며 진정한 행복을 추구할 수 있는 시기다. 더욱이 진지한 여가 활동을 통해 취업 등 경제적 문제도 해결할 수 있다. 일하는 짬짬이 주어지는 휴식은 달콤하지만, 일이 없는 상태에서 30~40년간 이어지는 은퇴 생활은 육체적으로나 정신적으로 많은 고통을 줄 수 있다. 두려운 은퇴가 아닌 기다려지는 행복한 노후를 맞이하도록 미리 준비하자.

—취미와 여가도 포트폴리오를 짜야 할 때, TWO CHAIRS, 2013. 11.

• 앞으로의 희망을 내비치며 끝내기

　재주 많은 부부의 넘치는 사랑을 양손 가득 받고 돌아오기를!

—카페 알지비 지구맛, 대학내일, 2013. 2.

• 주제 제시 및 전망이나 예감을 제시하며 끝내기

　젊은이들에게 여행은 하나의 습관이자, 반복되는 경건한 의식이어야 한다. 그래서 어디로 갈지, 어떻게 갈지를 고민하지 말고, 우선 가방을 둘러메고 집을 나서라. 신발 끈을 묶을 때쯤이면 당신의 마음은 이미 어디로 갈지 결정하고 있을 것이다.

• 주제 관련 강한 단정을 제시하며 끝내기
　─그래서 나는 미국 드라마를 통해 모두가 아는 뻔한 미국의 도시 생활이 아닌 진짜 미국을 경험하고 싶은 당신에게 파고를 추천한다.
　─우리의 사고는 그만큼 인류의 미래를 향하여 유연하게 열려 있으며, 우리의 저력은 어떤 고난도 이겨낼 수 있을 만큼 넓고 무한하다. 한글날은 바로 우리의 꿈과 힘을 나라 안팎에 널리 자랑하고 펼치는 날이다.

• 가벼운 의문형으로 끝내면서 글에 대한 긍정적 효과 얻기
　그는 한글에서 인생을 본다. 그러니 매일 한글에 감사할 수밖에 없다 말한다. 바로 이 마음이 한글을 지켜나가는 힘이 아닐까.

─한글이 내 삶이요 바람이라, 세종학당, 2014. 1.

• 첨가적으로 가벼운 의견 제시를 하며 가볍게 끝내기
　새로운 둥지에서 제2의 도약을 꿈꾸는 동아사이언스. 과학을 향한 동아사이언스의 열정과 도전이 궁금하다면, 올가을 용산에 문을 연 동아사이언스 사옥을 방문해봐도 좋을 것 같다.

• 첨가적으로 서정적 묘사를 하며 가볍게 끝내기
　자격증을 따고, 고객에게 칭찬받고, 지점이 S등급을 받는 등 회룡역 지점 가족들의 머릿속에는 즐거운 상상으로 가득 차 있다. 그래서인지 이들의 미소가 따스한 햇살처럼 눈부시다.

피처 기사의 마무리는 위에 제시한 형식 말고도 수도 없이 많을 것이다. 단정이나 명령형, 감탄형으로 강하게 끝낼 수도 있고 첨언이나 묘사 등으로 가볍게 끝낼 수도 있다. 문장 형식을 서술형으로 할 수도 있고, 청유형, 의문형 등으로 할 수도 있다. 중요한 점은 글의 시작과 전개, 그리고 자연스럽게 이어지는 마무리여야 한다는 것이다. 글에서는 다루지 않은 새 주제의 내용을 글의 마무리 부분에서 꺼내거나 비약하여 강한 주장을 하면서 글을 마무리하는 일은 없어야 한다. 좋은 마무리는 글의 내용에 대해 더 많은 공감을 할 수 있도록 해 줄 것이다.

다음에 소개하는 피처 기사는 학생 실습으로 이루어진 것이다. 한 주제에 대해 요모조모 깊이 생각한 흔적들이 곳곳에 배어 있음을 알 수 있다.

# 지친 청춘들이여 힐링하라!
### -상명대학교 캠퍼스 힐링 지침서-

바야흐로 힐링이 대세인 시대이다. TV, 여행, 음식, 공연 등 전 분야에 이르러 지친 몸과 마음을 위안하며 치유하는 '힐링'이란 단어를 어렵지 않게 볼 수 있다.

상명대학교 천안 캠퍼스엔 쉼표로 가득한 공간들이 많다. 2009년 자연환경대상 우수상을 수상한 상명대학교 교정에는 특히나 물을 이용한 아름다운 조경환경을 갖추고 있다. 학업과 취업으로 지친 몸과 마음을 위해 잠시 자신을 돌보는 시간을 가지는건 어떨까. 상명스타일 힐링 플레이스를 소개한다.

❶ 민자기숙사 앞 작은 연못

'힐링'이라고 거창하게 생각할 필요는 없다. 매일 아침, 시계를 보며 강의실로 바쁘게 뛰어가는 대신 10분 일찍 일어나 힐링 타임을 즐겨보자. 신축한 민자기숙사 앞에 있는 연못에 잠시 멈춰 힐링 뮤직을 듣는 것도 힐링을 실천할 수 있는 한 가지 방법이다. 핸드폰

소리, 기계 소리, 시끄러운 대중 가요로 귀를 자극시키는 대신 자연의 소리로 생체 힐링을 해보자. 마음의 평온을 얻을 수 있을 뿐만 아니라 하루를 시작하는 기분을 상쾌하게 전환할 수 있을 것이다.

*추천! 힐링 아이템*

1. 깊은 숲속의 상쾌한 산새 소리 /Natural sounds, 피로를 풀어주는 스트레스 해소 음악.
2. Promenade Dans Bois(숲속의 오솔길) / Various Artists.
3. Voices Of Spring(봄의 소리-왈츠) / Various Artists.
4. OCEAN WAVES(바다의 물결) / Various Artists.
5. Natural Sounds : The Sounds Of A Stream And Birds(자연의 소리 : 평온이 깃든 전원) / Various Artists.

## ❷ 송백관 앞 인공 연못

송백관 건물 앞 넓은 광장에는 인공 연못이 자리 잡고 있다. 연못 앞에 마련된 테이블과 의자에 앉아 혹은 스탠드 계단에 앉아 도시락을 먹는 것만으로도 학교를 피크닉 장소로 탈바꿈 시킬 수 있다. 간단한 식사와 함께 몸과 마음을 정화시켜주는 차 한잔을 준비한다면 더욱 안성맞춤. 릴랙스하게 마시는 차 한잔의 티테라피를 통해 일상을 더욱 풍요롭게 해보자.

추천! 힐링 아이템
1. 한솥 도시락—동백 도시락, 도련님 도시락, 치킨 마요 등 저렴한 가격으로 17종의 도시락을 즐길 수 있다.
2. 편의점 도시락—학교 식당 내 위치한 CU편의점에서 손쉽게 도시락을 구입할 수 있다. 스테디셀러 도시락인'소불고기정식 도시락'과 '제육볶음정식 도시락'을 추천.
3. 샌드위치 & 삼각김밥—편의점 샌드위치나 학교 앞 이삭 토스트, 삼각김밥으로 간편하지만 든든한 한끼를 구성할 수 있다. 우유와 함께 또는 블랙커피와 함께 뉴요커가 된 기분으로 즐기는 것도 좋을 듯.
4. 립톤 프리미어 블랙티 클래식 다즐링—인도 다즐링 지역의 찻잎으로 만들었으며 노화를 촉진하는 유해 산소를 제거해 노화를 방지한다.
5. 오설록 시즌 오브 제주 그린 티, 제주영귤, 허브, 스위트 브라운—제주 자연의 멋스러움을 담은 차.

❸ 중앙도서관까지 이어지는 물길

　한누리관 내려오는 계단을 따라 쏟아지는 인공폭포의 물줄기는 중앙 도서관 앞까지 이어진다. 바람과 물소리에 귀를 열고 교정 안을 천천히 거닐어 보자. 잠시나마 마음의 여유를 갖고 캠퍼스를 산책하는 것 역시 좋은 힐링 방법이다. 노스페이스 바람막이 점퍼 없이도, 등산화는 커녕 꼭 운동화가 아니어도, 교외 밖으로 떠나지 않아도, 무난하게 언제고 힐링을 만끽할 수 있다.

물줄기를 따라 내려오다 보면 도서관 앞 쉬어갈 수 있는 나무 벤치가 있다. 도서관에 들러 책 한권을 옆에 끼고 벤치에 앉아 마음을 치유해보는 것은 어떨지. 힐링 도서에 담긴 위로와 응원의 메시지를 읽다 보면 지은이가 선사하는 토닥거림을 느낄 수 있을 것이다.

### 추천! 힐링 아이템

1. 내가 알고 있는 걸 당신도 알게 된다면
   —저자 칼 필레머가 1천 명이 넘는 70세 이상의 사람들에게서 뽑아낸 총 30가지 지혜의 정수를 고스란히 책에 담았다(칼 팔레머 지음, 박여진 옮김, 토네이도).

2. 힐링 코드—모든 병의 원인이 스트레스라는 전제에서 출발해 의학의 역사와 함께 인생과 건강, 성공에 적용되는 7가지 비밀을 알려준다(알렉산더 로이드·벤 존슨 지음, 이문영 옮김, 시공사).

3. 멈추면 비로소 보이는 것들—매일 바쁜 일상, 항상 시간에 쫓겨 사는 삶에 지친 현대인들에게 혜민 스님의 깨달음과 위로를 선물하는 책(혜민 스님 지음, 이영철 그림, 쌤앤파커스).

4. 마음의 상처 영화로 힐링하기—영화 속 주인공들을 통해 정신 질환에 관한 문제들을 다룬 책(이병욱 지음, 소울메이트).

5. 바람이 분다 당신이 좋다—여행을 하며 느꼈던 감성적인 사진과 글들로 가득 채워져 있는 이병률의 두 번째 여행 에세이. 사람에 대한 따뜻한 호기심과 사람을 기다리는 쓸쓸하거나 저릿한 마음을 만나볼 수 있다(이병률 지음, 달).

—200720028 이재경

# 생각샘

**1** 다음 주제를 가지고 참고 내용을 보면서, 한 소재를 정하여 취재하고 경험하여 피처 기사를 작성해 보자.

(제목, 리드 문장, 본문의 구성을 지킬 것)

- 주제 : 회의(會議)는 회의적(懷疑的)이어야 하는가?—우리 사회의 토론 문화에 대한 반성과 대안
- 참고 : 일본의 컨설턴트인 다카하시 마코토는 그의 저서 "성공한 기업회의는 이렇게 다르다"에서 비효율적인 회의 10가지로 "장시간 회의, 결론이 나지 않는 회의, 의제가 모호한 회의, 우선 열고 보는 회의, 강압적인 회의, 발언자가 적은 회의, 독재형 회의, 발언자가 많은 회의, 중도 이탈자나 불참자가 많은 회의, 결론이 좀처럼 반영되지 않은 회의"를 꼽았다.
- 소재 : 국회 회의의 현 실태 / TV 토론 / 학생회 회의 / 소모임 회의 / 동아리 회의 / 반상회 회의 등

**2** 다음의 리드 문장을 지금 더 참신하고 멋지게 고쳐 보자.

(1) 붉게 물든 가을의 수줍음은 사람들에게 많은 생각을 하게 한다. 겨울로 접어들기 전, 지나온 한 해를 뒤돌아보는 계기를 마련해 주기도 하고, 솔로들에게는 옛사랑의 기억이나 혼자만의 쓸쓸함, 연인들에게는 사랑의 풋풋함과 수줍음을 느끼게 한다. 가을이 수줍어하는 것은 인간

이 동시에 가질 수 없는 수많은 감정을 품고 있기 때문이 아닐까? 교정에 스며든 가을의 붉은 얼굴. 상명인들은 이 얼굴을 어떤 표정으로 마주대하고 있는지 살펴보자.

  (2) 하늘이 푸르다. 색색의 단풍은 상명대학교를 물들이고, 학생들은 청춘을 노래하고 있었다. 점심식사 후 잠시 시간을 내서 걷는 캠퍼스에는 낭만이 깃들어져 있다. 특히 아기자기하기로 소문난 상명대학교의 캠퍼스는 숨어 있는 산책길이 많다. 상명대학교 한국어문학과 학생들이 뽑은 점심식사 후 걷기 좋은 캠퍼스 산책길 베스트 3를 살펴보자.

## 🖊 두레박

**1** 최근에 감상한 전시회, 공연, 영화, 독서 등의 경험을 토대로 참신한 주제를 정하여 피처 기사를 작성해 보자.

(제목, 리드 문장, 본문, 마무리의 구성을 잘 지킬 것)

**2** 다음을 소재 중 하나를 골라 피처 기사를 작성해 보자.

(제목, 리드 문장, 본문, 마무리의 구성을 잘 지키고 사진 자료를 넣어 편집하기)

(1) 지역 축제

(2) 명소, 카페, 도서관, 서점 같은 장소

(3) 존경하는 인물

# 제4장

# 방송 구성 작가 실습

"방송 구성 작가"란 텔레비전과 라디오 방송에 방영되는 프로그램을 창조하고 구성하는 작가를 말한다. 프로그램을 제작하는 데에는 구성 작가 외에 기획자, 연출자, 영상 촬영자, 음향 녹음자 등 많은 사람들이 필요하지만, 구성 작가는 특히 프로그램에서 진행될 스토리를 대본으로 쓰고, 촬영된 것을 다시 편집·구성하여 스토리를 엮어 한 편의 완제품을 만드는 중요한 역할을 한다. 방송 작가는 우선 매체별로 나누어 TV 구성 작가와 라디오 구성 작가로 나뉜다. 시청각을 이용하는 방송과 청각만을 이용하는 방송이 다르므로, 각각의 특성에 맞는 특별한 구성 방식을 갖는다. 방송 내용의 관점에서 크게 두 부류로 나누면, '드라마 작가'와 '구성 작가'를 꼽을 수 있는데, 이 중 방송 구성 작가는 드라마를 제외한 비드라마 프로그램을 만들기 위해 내용을 구성하고 대본을 작성하는 사람을 지칭한다. 다매체, 다채널의 현대 시대에 방송 프로그램의 종류는 매우 다양한데, 이렇게 드라마와 비드라마라는 두 부류로 크게 나누는 이유는 드라마는 허구(fiction)의 세계를 그려내는 창작인 반면, 비드라마는 '허구 창작'의 성격을 전혀 띠지 않는다는 큰 특징으로 대별되기 때문이다. 구성 작가는 '사실(fact)'에 바탕을 둔 창작을 한다. 아울러, 드라마 작가는 시나리오 창작이 본무인 반면에 구성 작가는 대본만 쓰는 역할을 하는 것이 아니라, 프로그램이 기획되는 순간부터 아이디어 발상, 방송 내용의 틀 구성, 내용 쓰기, 촬영 후 편집에 관여하고 후 대본을 작성하여 한 편의 완성된 프로그램을 만들어 내야 한다는 큰 차이가 있다.

비드라마의 방송 프로그램에는 크게 뉴스 보도, 교양 프로그램, 예능 프로그램의 유형을 들 수 있다. 이 중, 뉴스 보도는 주로 기자에 의해 대본이 작성된다는 점에서 구성 작가 범주 속에 포함하지 않는다. 그러나 뉴스 코너에 따라서 구성 작가를 따로 두는 경우도 있는데, 이때 구성 작가는 피디가 아닌 기자와 의논해서 작업을 진행한다. 교양 프로그램은 시사, 역사, 문화, 환경, 생활 등의 각종 주제에 대해 오락 위주가 아니라 정보성과 유익함을 주는 목적으로 제작되는 것으로, 이것을 만드는 작가를 특히 교양 구성 작가라고 지칭하기도 한다. '생방송 화제 집중, 6시 내 고향' 같은 아침 프로그램이나 토크로 진행되는 '아침마당'은 여기에 속한다. 특히 토크로 진행되는 프로그램을 토크 프로그램이라 지칭하기도 한다. 교양 프로그램 중 다큐멘터리 프로그램에 대해서는 특별히 다큐멘터리 작가로 더 구체화된 지칭을 사용하기도 한다. 예능 프로그램에는 '가요 무대, 열린 음악회'와 같은 쇼 프로그램, '1박 2일, 무한도전' 같은 리얼 버라이어티 같은 것이 있다. 그리고 일방적으로 보여주는 의미가 있는 쇼와 승부를 내면서 게임을 하고 생존하는 형식의 더욱 다양화된 버라이어티를 접목한 '나는 가수다, 위대한 탄생' 같은 새로운 장르도 등장했다.

현대 사회에서 대중에게 가장 친밀하게 다가가고 있는 매체가 TV 방송이다. 가정의 거실이나 안방에서 가족들의 휴가 시간을 차지하고 있는 텔레비전은 가족 모두에게 매우 친근한 소일거리이다. 저녁 시간대나 집에서 보내게 되는 휴일의 대부분 시간을 TV 시청으로 보내는 사람들도 많다. 그러다보니 TV 방송이 국민에게 주는 영향은 매우 커졌다. 예전에 TV를 일컬어 '바보상자'라고 비난한 적이 있었다. 사람들이 텔레비전 앞에서 수동적으로 방송 내용을 따라가기만 하는 바보가 되었다는 뜻이다. 채널을 돌리거나 전원을 끄기 위해 앉은 자리에서 일어나 TV 있는 곳까지 걸어가야 하는 시대에는 더더욱 그렇게 생각되었다. 그러나 이제 사람들이 아주 편리하게 리모트 컨트롤을 가지고 작동을 할 수 있게 되면서 더 이상 바보상자가 아니라는 인식이 들게 되었다. 이에 대한 글 하나를 인용해 보기로 한다.

텔레비전을 바보상자라고 불렀던 적이 있었다. 그 말은 혼자서 북 치고 장구 치는 비디오를 멍청히 들여다본다는 의미가 크다. 그러나 지켜보기만 했던 텔레비전에 변화가 왔다. 시청자의 손에 리모컨을 들려준 것이다. 리모컨을 두고 경박스럽게 채널을 여기저기로 돌리게 되었다며 부정적으로 말하는 사람도 있다. 그러나 뒤집어 보면 리모컨이 텔레비전을 바보상자에서 깨어나게 만들었다고 볼 수도 있다. 텔레비전에서 방송되는 것을 '그저 보던 자리'에서 능동적으로 '골라 보는 자리'로 이

동시킨 것이다. 리모컨의 위력은 채널이 많아지면서 더욱 강력해졌다. 사람들에게 선택의 자유가 생기자 이번에는 방송사, 제작자들이 긴장하기 시작했다. 선택받기 위해서는 좀 더 잘 만들기 위해서 고민해야 했고 스스로를 변화시키지 않을 수 없었다.

— 박웅현·강창래(2009), 『인문학으로 광고하다』 중에서

TV 방송의 프로그램 중 가장 대중적인 것은 아마도 예능 프로그램일 것이다. 예능 프로그램도 매우 다양한 것들이 있지만 그 전반적인 문화 코드라는 것이 있다. 요즘의 성향을 따져보자면, 일단 시청자들의 채널을 고정해 두자는 목적에서 '웃기고 보자'는 식이 아닐까 생각된다. 윗글에서 채널이 다양해지면서 사람들에게 채널 선택 자유가 생기자 방송사, 제작자들이 더 잘 만들기 위해 긴장한다는 얘기가 나온다. 그런데 좋은 방송을 만들어 국민들에게 선한 웃음과 유익함을 주는 쪽이 아니라, 더 자극적으로 더 현란하게, 그리고 악의 축 쪽을 더 지향하면서 웃기고자 하는 방향으로 흐를 수도 있다. 웃기고자 하는 목적이 너무 강한 나머지 남을 경멸하고 폭언하고 놀리고 손찌검도 쉽게 하며 못 살게 구는 장면도 속출한다. 이런 행동을 연기하는 연예인들은 '자신의 자식들이 이 장면을 보면?' 부끄러울 거라고 생각을 한다. 그런가 하면 출연자를 공포에 떨게 하거나 고통스러워하는 설정을 해 놓고 가학성을 더하여 시청자들을 유혹하기도 한다.

성인들이 그런 프로그램을 보면, 그저 웃고 넘기거나 뭔가 석연치 않다는 비판 의식이 들 수 있으나, 어린이들이나 청소년들에게는 매우 심각한

영향을 미치게 된다. 소위 재미있는 프로그램에서는 늘 누굴 쉽게 약 올리고 인격적으로 모독하는 언행도 서슴지 않는데 그런 행동이 남에게 피해를 준다는 인식을 하게 어렵게 만드는 것이다. 알게 모르게 그러한 간접 체험에 젖다보면 판단력이 흐려지고 이 사회에 왕따 문제와 폭력 문제가 발생하는 것은 아닐까.

구성 작가의 본무는 시청자들에게 흡입력이 강한 프로그램을 만들어내야 하는 것이지만 단발적인 흥미를 주는 것에만 신경 쓸 게 아니라 이 시대의 가장 영향력 있는 매체의 콘텐츠를 창작하고 있는 사람이라는 책임의식을 가지고서 임해야 할 것이다. 아리스토텔레스가 비극은 보통 이상의 선을, 희극은 보통 이하의 악을 모방한다고 말했었다. 누구를 웃기기 위해서는 일상적 기준으로부터 불균형하게 일탈된 행위가 필요할 수 있다. 그러나 우리가 일상생활에서 누구를 때리고 욕하고 놀리고 못살게 구는 행위를 절대로 하면 안 된다고 교육하듯이, 프로그램에서도 그런 것은 지양하면서 다른 일탈과 위반의 방식을 찾아내야 할 것이다. 그러기 위해서는 쉽게 웃기는 방식을 택하지 말고 사람들을 감동시키고 즐거움을 주는 스토리를 치열하게 궁구하여 창작해내야 한다.

흥미를 주면서도 결코 경박하지 않은 따뜻함이 흐르는 내용, 우리가 미처 모르고 지냈지만 누군가가 살짝 짚어 주었을 때, '아!' 하고 공감할 수 있는 내용, 세상의 다양성을 보여주고 선입견을 벗어나 편협하지 않은 합리적 사고방식을 지니게 하는 내용, 자유로움 속에서 지킬 것은 지켜야 한다는 질서에 대해 공감하게 하는 내용, 그래서 현대 사회 갈등의 골을 메워가고 쌓인 벽을 허물어가는 평화를 예감하게 하는 내용에 대해 치열하게 연구해야 할 것이다. 이런 사명감을 기본적으로 가지는 것이 바로 구성 작가가 지닐 '기본'이 될 것이다.

그러면 실제적으로 어떤 작업을 어떻게 해야 할 것인지에 대해 생각해 보기로 하자.

## 01 | 방송 구성 이야기

앞에서 말했듯이, 구성 작가의 일은 방송사에게 기획한 프로그램의 아이디어 발상, 방송 내용의 틀을 구성하여 내용을 쓰고, 구성안에 따라 촬영된 것을 다시 편집·구성하여 완결 대본을 작성하는 것이다. 이러한 전 과정에 걸친 일을 보면 특히 '구성'에 초점이 놓임을 알 수 있다. '구성(構成, organization)'이란 몇 가지 부분이나 요소들을 모아서 일정한 전체를 짜 이루는 것을 뜻한다. 방송 내용과 형식의 구성을 어떻게 하느냐에 따라 그 프로그램이 긴장감 있게 진행될 수도 있고 밋밋하게 진행될 수도 있다. '구성'에 대해 '탄탄한 구성, 느슨한 구성'이라는 말도 쓰며, 구성을 잘 하는 능력을 '구성력'이라고 표현하기도 한다.

대체적인 프로그램의 종류를 알기 위해, 김미라·고혜림(2004 : 5)에서 제시한 것을 인용해 보기로 한다. 구성작가가 만들어 내는 프로그램의 종류를 예로 들어보면 다음과 같다.

| 부문 | 장르 | 프로그램의 예 |
|------|------|---------------|
| 시사 교양 | 종합구성 | 아주 특별한 아침 / 생방송 화제집중 |
| | 토크 | 토크쇼 임성훈과 함께 / 김승현-정은아의 좋은 아침 |
| | 탐사보도 | PD 수첩 / 추적 60분 / 그것이 알고 싶다 |
| | 재연 | 타임머신 |
| | 다큐멘터리 | MBC 스페셜 / KBS 일요스페셜 / 이제는 말할 수 있다 |
| 예능 | 음악/버라이어티쇼 | 음악캠프 / 일요일 일요일 밤에 / 야심만만 |
| | 코미디 | 코미디 하우스 / 개그콘서트 |
| | 시트콤 | 논스톱 Ⅳ / 똑바로 살아라 |
| | 연예정보 | 한밤의 TV 연예 / 섹션 TV 연예통신 |
| 라디오 | 정보교양 | 손석희의 시선 집중 / 생활법률 / 손에 잡히는 경제 |
| | 보도 | 2시의 취재 현장 |
| | 음악 | 배철수의 음악캠프 / 옥주현의 별이 빛나는 밤에 |
| 편성 | 캠페인 | MBC 캠페인 |
| | 옴부즈맨 | TV 속의 TV |
| 보도 기획 | 토론 | MBC 100분 토론 |
| | 매체비평 | 신강균의 뉴스 서비스 사실은… |

— 김미라·고혜림(2004 : 5) 인용

이상의 자료를 보면, 부문을 크게 다섯 개로 나누었고 다시 하위 장르로 나누고 있다. 방송사에서 구분하기 좋은 분류를 한 것으로 간주된다. 이 중에서 코미디 장르는 뒤의 4장에서 방송 희극 대본 창작 실습으로 따로 다루기로 한다. 이 장에서는 드라마와 코미디 및 뉴스 보도 등의 프로그램을 제외하고 나면 어떤 방송 프로그램이 안방에 방영되면 좋을까 하는 문제부터 생각해 보기로 한다. 그리고 좋은 방송 구성을 하는 작가가 되기 위해, 또한 좋은 방송 프로그램을 탄생시키기 위해 어떤 점에 주력해야 하는지에 대해 생각해 보기로 한다.

구성 작가가 만드는 방송의 종류 중에서 특히 사실성을 바탕으로 하는 것은 종합구성, 탐사보도, 다큐멘터리, 연예정보, 교양정보 같은 장르가 될 것이다. 단순히 현실에 대한 보고에서 그친다면 그것은 뉴스 보도가 될 것이다. 그러나 구성 작가는 현실의 자료를 가지고서 거기에 감동을 더하는 구성을 한다. 하나의 프로그램은 구성 작가와 프로듀서의 두 역할이 협력을 하여 방송 프로그램의 형식과 내용을 엮어냄으로써 이루어지는 것이다.

현재 우리 사회에서 절실한 각성이 필요한데도 방송사에서 다루지 않는 부분이 있는지에 대해 파수꾼과도 같은 역할을 하는 것이 구성 작가의 본분은 아니다. 이 일은 기획자가 주효하게 역할을 한다. 그러나 구성 작가는 방송 기획을 할 때에 좋은 아이디어를 내는 역할을 할 수 있는 사람 중의 하나가 될 것이다. 그러므로 가령 환경과 관련하여 경치 좋은 곳을 찾아가는 프로그램만 선호하기보다는 오염된 환경으로 인한 지구의 미래에 대한 정보를 제공하는 내용이라든지, 환경을 오염시키지 않기 위해 우리가 귀찮아도 실천해야 할 일들에 대해 각성을 하게 하는 내용 같은 것을 예능 프로그램으로 구성하는 아이디어를 낼 수도 있는 것이다.

또는 사회에서 활동하고 있는 주된 계층들이 어느 정도 안정되게 살고 있는 사람이라서 소외된 계층을 내용으로 담는 방송이 선호되지 않을 수도 있다. 그러나 방송이 사회의 청지기 역할을 해야 한다는 사명감을 생각한다면, 어떻게 해서든지 사회의 관심을 일으켜 보려는 노력을 하는 것도 역시 누군가는 해야 할 일이다. 그랬을 때, 의식 있는 구성 작가들이 프로듀서와 협력하여 그런 프로그램 기획에 일조할 여지가 없는 것은 아니다. 이런 프로그램이 제대로 구성되어 방영된다면, 우리 사회에 장애인이나 빈곤층에 대한 진실한 마음이 생길 수 있고, 그렇게 분위기가 성숙된다면, 사람들이 봉사 스펙을 쌓기 위해 소외되고 있는 이들이 살고 있는 장소에 형식적으로 찾아가서 봉사 실적이나 올리려 증빙 자료나 만들고자 하는 거짓된 행위는 하게 되지 않을 것이다. 실제적 도움을 줘야 되겠다는 사랑의 마음으로 찾아가 이들과 친구가 되고 일회성으로 그치지 않고 지속적인 인연을 끌어 나가는 사랑의 사회가 될 것이다.

한국방송비평회 펴냄(2001)에서는 특히 어린이를 대상으로 하는 프로그램에 대하여, "만화 영화나 퀴즈, 컴퓨터 게임 등으로 손쉽게 해결하려는 안이한 발상에서 벗어나 어린이를 위한 다큐멘터리, 세계 유적지 순례, 우리 역사 알기, 우리 문화 유산의 재조명, 환경 문제, 세계의 문화 탐방, 예술 공연 실활 중계 등 안정적 인격을 형성하고 인간적·도덕적 감수성을 키우는 데에 유익한 프로그램이 제작되어야 하며, 어린이의 시선에서 어린이들의 생각이나 생활을 담은 프로그램, 즉 어린이의 시선으로 바라보는 사회문제, 어린이들이 학교생활이나 친구관계 등에서 부딪히는 고민 등을 담아내는 프로그램이 제작되어야 한다."고 강조한다.

그런가 하면, 김미라·고혜림(2004 : 7)에서는 "작가라는 직업은 결국 자신이 살고 있는 사회와 동시대의 인간들에 대한 분석과 통찰을 통해 글로써 문제를 제기하고 하나의 담론을 만들어내는 것이다. 따라서 방송 프로그램을 통해 한 사회에 끊임없이 아젠다(agenda, 모여서 서로 의논할 사항이나 협의할 주제)를 제시하는 구성 작가의 작업 역시 어떤 사물과 현상, 인물에 대한 관심에서 시작된다고 하겠다. 세상과 인간에 대한 관심이 넘치는 작가에게는 그 모든 것이 방송 프로그램의 소재가 될 수 있지만 관심이 없는 작가에게는 그 어떤 것도 소재가 될 수 없다."고 언급한다.

공감 무능력, 반응 무감각증을 앓고 있다면, 그는 구성 작가가 될 수 없다. 실생활의 어떤 구체적인 소재도 잡아내지 못할 것이다. "세상에! 그런 능력을 두고서 어떻게 구성 작가의 능력과 결부하여 운운할 수 있는가!" 반문할 수도 있다. 그러나 요즘 방송 매체를 통해 방영되는 프로그램들 중에는 정말로, '저건, 아닌데…'라는 생각을 하게 하는 것이 많다. 구성 작가가 문제의 본질을 적확히 집어내지 못하면 그것은 구성 작가가 지녀야 할 공감 능력은 영점의 상태라고 비난 받아야 할 것이다. 구성 작가가 인기 몰이를 위해 사회 정의에 어긋나는 내용을 구성했다면 그것 또한 반응 감각 능력 영점의 상태라고 비난 받아야 할 것이다.

사회 정의에 대한 투철한 사명감이 없어도 좋은 작가가 될 수 없다. 그가 만드는 방송은 아주 영향력 있게 사회에 파고 들 것이기 때문이다. 김미라·고혜림(2004 : 9)에서 "흔히 입법, 사법, 행정부에 이어 언론을 제4의 권력이라 할 만큼 언론, 특히 TV의 영향력은 막강하며, 따라서 그만큼 TV 프로그램을 만들어내는 제작진들의 사회적 책임 또한 커지고 있다. 기자나 프로듀서는 물론이고 구성 작가 또한 방송의 소프트웨어를 만들어내는 직접적인 생산자로서 이들의 사회와 역사에 대한 인식이 프로그램의 내용에 절대적인 영향을 미칠 수밖에 없기 때문에 구성작가에게는 올바른 세계관과 역사관이 요구된다."라고 지적하였다. 구성 작가는 탁월한 창의력과 발상력을 가진 '끼'가 있으며 맡겨진 프로그램에 대해 신명나게 열중하며 치열하게 도전하는 '꾼'이다. 그런데 그 가장 저변에는 대중의 인식을 좌지우지할 수 있는 위치에 있다는 신분에 대한 자각, 그러므로 사회 정의에 충실해야 한다는 기본이 튼튼하게 뿌리를 내리고 있어야 한다.

## 02 | 좋은 방송 구성의 요건

어떤 성격의 프로그램인가에 따라 좋은 방송 구성의 요건을 달라질 수 있다. 가령 다큐멘터리 프로그램이라면, 주제에 관련된 넓고 깊은 자료를 바탕으로 한 알맹이들을 뽑아 탄탄한 구성력을 선보여야 할 것이다. 그런가 하면 예능 프로그램이라면 함께 웃고 즐기고 기분 좋아지는 그런 내용을 구성해야 할 것이다. 여기서는 보편적으로 갖추고 있어야 할 요건들에 대해 설명해 보기로 한다.

### (1) 새로움이 솟아나는 내용

방송 프로그램에서의 '새로움'이란 전에는 시도해 본 적이 없는 형식을 취함으로써 산뜻하게 느껴지고 생생하게 흡인되는 방송으로 구성된 것을 말한다. 무조건 전에 시도해 본 적이 없다는 이유만으로도 새로움이 형성되는 것은 아니다. 처음 시도하지만, 그 발상이 참신하여 사람들의 공감대에 확 다가오는 것이 있어야 한다.

2011년 '나는 가수다, 위대한 탄생, 슈퍼스타 K'와 같은 프로그램은 음악을 보여주는 쇼 프로그램에 경합이나 오디션 형식을 겸하여 리얼 버라이어티의 성격을 띠도록 만든 것으로 방송 형식상의 새로움을 탄생시켰다. 감상하는 즐거움과 조마조마하게 결과를 기다리는 스릴을 동시에 제공함으로써 시청자들의 주목을 받은 것이다.

구성 작가가 새로운 발상을 잘 하기 위해서는 늘 호기심을 가지고 사물을 보고, 자초지종을 묻고, 대답을 구하고, 다른 사람의 의견을 경청하고, 소통하는 생활을 해야 한다. 긍정적인 안목으로 세상을 볼 때, 보이지 않던 많은 것들이 보이게 된다. 자칫 특이한 발명은 기존에 대한 부정에서 나온다고 생각될 수 있으나 부정적인 시각은 사람의 마음을 폐쇄적으로 만들기 때문에 좋은 사고방식이 아니다. 부정적 사고방식과 비평적 사고방식은 전혀 다른 것이다. 비평이란 기존의 것을 완전히 이해한 상태에서 발전적인 의견을 제시하는 것이고 부정적 사고방식이란 기존의 것을 옳지 않다고 반대하는 것으로 생각의 소통을 막는 나쁜 자세이다. 새로운 발상은 부정이 아니라 올바른 비평의 안목에서 나올 수 있다. 기존의 것을 잘 이해하고 객관적인 안목에서 분석을 할 수 있을 때, 더 나아가 더 좋은 형식, 내용에 대한 아이디어가 탄생할 수 있는 것이다.

### (2) 올바른 정서가 숨 쉬고 있는 내용

방송을 시청했을 때 사람들의 마음속에 올바른 '정서(情緒)'가 흐르도록 하는 것도 중요하다. '정서'란 사람들의 마음속에서 느껴지는 감정을 말한다. 사자성어 '희로애락(喜怒哀樂)'이라 하는 '기쁨, 분노, 슬픔, 즐거움' 외에도 '가슴 벅참, 감사, 고독함, 고마움, 공포심, 공허함, 괴로움, 그리움, 깔봄, 놀라움, 놀림, 당혹감, 따분함, 떨림, 매정함, 멸시, 묘함, 무덤덤함, 무안함, 미안함, 배신감, 부끄러움, 불안감, 불편함, 서글픔, 서운함, 설렘,

섭섭함, 시원섭섭함, 식상함, 심드렁함, 심심함, 쓸쓸함, 아쉬움, 안타까움, 외로움, 우울함, 위화감, 존경심, 지겨움, 지루함, 질투심, 짜증, 착잡함, 창피함, 편안함, 한스러움, 행복감, 허무함, 허탈함, 혐오감, 황당함, 후련함, 흥분'과 같은 매우 다양한 감정이 있다. 구성 작가들은 시청자들이 자신이 아이디어를 내고 내용을 구성하고 형식을 완성한 방송 프로그램을 보고 느끼게 될 감정에 대해 민감하게 상상하고 예견할 수 있어야 한다. 또한 그 감정이 결코 바람직하지 않은 감정이라 예견이 된다면 내용 구성이나 형식 완성에 대해 수정, 재구성할 필요가 있다.

가령, 내용이 진행되고 있는 화면의 자막으로 그 출연진을 멸시하는 "글쎄, 그러면 그렇지, 뭐 하나 제대로…" 같은 문구가 실리면, 처음엔 그냥 웃고 넘기지만, 반복하여 그런 식의 문구가 등장하면 식상함, 혐오감 같은 심정이 들게 되는 것이다. 그나마 성인들은 그런 식으로 반응하지만, 청소년들은 그렇게 하는 것에 익숙해지면서 타인을 깔아뭉개도 미안해하지 않는 마음이 생기게도 될 것이다. 이러한 상황은 결코 바람직하지가 않은 것이다.

프로그램의 내용을 보면서 시청자들이 느끼게 되는 감정은 위에 나열했듯이 매우 다양할 수 있다. 그런 다양한 감정 중에 좋은 정서와 나쁜 정서는 분명히 구분될 것이다. 아리스토텔레스는 비극을 봄으로써 마음에 쌓여 있던 우울함, 불안감, 긴장감 따위가 해소되고 마음이 정화되는 일이야말로 비극이 관객에게 주는 중요한 문학적 효과라고 하였다. 이른바 카타르시스를 일킨는 것이다. 방송 프로그램에서 이러한 카타르시스를 경험하게 하면 더 이상 좋은 것이 없을 것이다. 마음속의 나쁜 감정들을 해소해

주니 말이다.

### (3) 깊은 이해력을 자아내는 내용

어떤 내용의 방송을 구성하든 주의해야 할 점은 수박 겉핥기식의 내용을 주워 담듯이 나열해서는 안 된다는 점이다. 나열하는 것은 구성하는 것이 아니다. 이렇게 하는 것은 백화점 식으로 눈요기 감을 늘어놓아 시청자들을 현혹하는 요령을 부리는 것밖에는 안 된다. 가령 세계의 어느 곳을 소개하는 것을 위주로 하는 방송이라면, 스쳐가는 식의 소개 방식으로 흥미적인 구성만을 지향할 게 아니라, 작은 것에 대해 호기심 있게 파고들며 의문을 해결해 나가는 식의 구성을 하는 것이 좋다. 왜냐하면 우리의 사고력은 수박 겉핥기 식, 주마간산 식으로는 길러지지 않는다. 이것은 마치 글쓰기를 할 때, 단락의 형성에 신경을 써야 하는 점과 일맥상통한다. 가령 이질적인 문화에 살고 있는 사람들을 소개한다면, 그들의 각 나라의 문화, 역사, 정치제도, 생활방식 등을 심도 있게 접근해야 한다. 특히 어린이 프로그램이라면, 그 나라 어린이들은 어떤지에 대해서도 다루고 어린이들이 진정 세계와 함께 호흡할 수 있도록 세계인을 키운다는 의미를 살리기 위해 어린이 눈으로 살핀 그들의 문화와 사고방식이 소개되어야 할 것이다. 어린이의 생각을 사전 조사하여 그러한 접근을 할 때 더 좋은 효과를 거둘 수 있다. 준비 시간이 짧으면 이러한 밀도 있는 접근을 하지 못하게 될 것이다.

'깊은 이해력'이란 매우 섬세한 데까지 미치면서 사리를 분별하여 해석하는 능력을 말한다. 구성 작가가 그러한 태도로 방송을 구성했을 때, 시청자들도 그 흐름에 함께 동참하게 되면서 그러한 이해력을 가지게 된다. 가령 '나는 가수다'라는 프로그램에서 가수들이 노래를 부르기 전이나 부른 후에 자신의 감정에 대해 설명을 하는 멘트가 있다. 어떤 경우에는 그저 흥미 위주로 웃기기 위한 멘트로 일삼기도 하지만, 어떤 경우에는 매우 진지하게 본인의 심정에 대한 진지한 설명을 하기도 한다. 후자를 글쓰기에 비유한다면, 소주제에 대한 글감을 잘 뒷받침하면서 하나의 단락을 탄탄하게 형성하는 것이라고 할 수 있다. 방송 프로그램 곳곳에 이런 요소들이 들어 있다면, 매우 진지한 묘미를 주면서도 국민들의 사고력을 향상시키는 효과를 가지게 될 것이다.

### (4) 이성적, 논리적 지적이 타당한 내용

'이성'과 '논리'는 현실 세계가 참이어야 하며, 사고에 논리적인 오류가 없어야 함을 뜻한다. 구성 작가가 만들어내는 방송의 내용은 허구의 세계를 창작하는 것이 아니라 사실(fact)로부터 의미를 발견하고 그것을 엮어내는 것이다. 그런데 이 내용에 이성적으로 타당하지 않고 논리적으로 맞지 않는 것이 들어가 있다면 시청자들은 거부감을 가지게 될 것이다.

여름철, 수많은 인파들이 모여드는 해수욕장의 상황을 내용으로 다룰 때, 모래사장의 곳곳에서 사람들의 발을 찌르는 닭 뼈 문제를 고발하는 프로그램을 예로 들어보자. 이때, 화면의 구성 및 내레이션은 사람들이 치킨을 주문하고 치킨 집에서는 그 사람을 찾아 치킨을 배달하는 내용이 나온다. 그런데 내용의 초점을 치킨 배달이 불법인 양 다루면서, 마치 몰래 배달 작전이 진행되고 있는 것처럼 해석을 하고 있었다. 치킨 배달이 왜 불법인가? 사람들이 수영복 차림으로 모래사장에서 간편하게 먹을 수 있는 것이 치킨이고 그것을 배달시키는 것이 왜 나쁜가? 문제는 그게 아니라, 치킨을 다 먹은 후 그 사후 처리를 잘못하는 행위가 나쁜 것이지 치킨 배달이 나쁜 것은 아니었다. 그런데 프로그램에서는 닭 뼈를 아무데나 마구 버리는 행위에 대해서는 일언반구조차 하지 않았다.

또 한 프로그램을 예로 들어보자. '그 남자 그 여자'라는 재연 프로그램이었는데, 부부의 갈등에 대한 것을 풀어나가는 내용이었다. 여자가 화를 내는 이유는 자기가 설거지하는 동안에 남자가 아기를 데리고 밖에 나가서 논다는 것이었다. 여자의 생각은 기다렸다가 자기랑 같이 나가지 둘만 먼저 나간다는 것이다. 상황을 보니 멀리 나가는 것도 아니고 집 바로 앞에서 아이가 노는 것을 남자는 지켜보는 것이었다. 이런 상황에 대해 상담을 하는 의사는 대화법을 가르쳤다. 출연자 부부는 상대방을 이해하면서 화를 내지 않고 소통을 하는 방식에 대해 듣고 집에 돌아와 지내는데, 다시 똑 같은 갈등이 발생한다. 시청자는 이런 장면을 보면서 "왜 아내가 화가 나지? 나 같으면 설거지하는 동안 아이를 데리고 나가 놀아주는 것만으로도 고마울 텐데, 왜냐하면 설거지하는 데에 아이가 엄마 다리 잡으며 칭얼대면 설거지에 방해가 되니까. 얼른 설거지를 마치고 나가서 함께 놀면 안 되나?" 하는 생각을 하게 된다. 그러나 방송 내용에 그런 지적은 없었다. 의사의 처방 속에는 그 상황은 화낼 상황이 아니라 서로 협조하고 있는 상황이라는 지적을 하고 생각을 바르게 하도록 설명을 해 주는 것이 들어가야 한다.

우리 사회의 한 병폐는 누군가의 잘못을 딱 집어서 비평하기를 꺼려한다는 점이다. 두루뭉술하게 좋은 게 좋은 것으로 넘어가는 방식은 아주 좋은 처세술이면서 세상을 잘 사는 방법일지도 모른다. 그러나 분노는 이성으로 다스려야 하며, 이성으로 다스리기 위해서 잘 한 것은 잘 했다고 하고 못 한 것은 논리적 이유를 세워 "어떤 것을 못 했다고, 그러므로 그 점을 고쳐야 한다."고 지적을 해야 한다.

정치인들은 늘 본인의 정치를 하고자 하는 것은 국민이 원해서라는 말을 한다. 아직 선거도 안 해보고 결과도 모르면서 어찌 국민이 원한다는 말을 할 수가 있는가? 이 말은 논리적으로 맞지 않는 말이다. 기본적으로 '국민'이라 하는 것은 집합명사이다. 나도 한 사람의 국민이다. 그런데 그 정치인은 나한테 '원하느냐'고 물어본 적이 없다. 이런 상황일진대, 방송은 여전히 그런 내용을 문제 삼지 않는다. 정치인들이 국민을 현혹하고 있는 상황이나 마찬가지인데, 그 점을 간과하고 있다. 이것은 작가들이 이성적, 논리적 지적의 의무를 소홀히 하고 있는 것이 된다.

구성작가가 올바른 판단을 하기 위해서는 선입관과 편견으로부터 자유로워야 한다. TV 방송은 불특정 다수를 시청대상으로 한다. 즉 텔레비전의 시청자는 연령, 학력, 사회경제적 지위가 다양하며, 개별적인 경험과 배경 역시 다르다. 따라서 구성작가는 어떤 특정 계층에 대한 선입관이나 편견을 배제하고, 그들의 다양성을 받아들이는 열린 자세가 필요하다. 예를 들어 어떤 작가가 성적 소수자인 동성연애자들의 문제를 이슈로 다룬다고 할 때 자신의 개인적 경험이나 종교적 이유 때문에 이들에 대한 편견을 가지고 있다면 객관적이고 올바른 시각으로 그들의 문제를 담아낼 수 없을 것이다.

## (5) 깊은 깨달음을 주는 내용

우리 사회에는 많은 부분 개선되어야 할 사고와 행위의 영역이 존재한다. 그 한 예로 대학 입시가 있다. 이제까지 한국의 역사 속에서 대입만큼 제도 개선이 된 것이 없다. 해마다 대입 방식이 바뀌었다. 그렇게 한 기저에는 어떤 경쟁 방식도 많은 문제점을 낳았기 때문이다. 그런데 이 문제는 사실 제도 때문에 일어난 것은 아니다. 우리 국민들의 의식 속에 선의의 경쟁의식이 없었기 때문이고 무조건 일류대학이 좋은 대학이라는 선입견이 지배적이었기 때문이다.

새로운 제도가 생기면 그 제도 속의 빈틈을 노려 악 이용하는 행위가 늘 뒤따랐다. 그러므로 나쁜 것은 제도에 있는 것이 아니라 그 제도를 이용하는 사람들의 행위에 있었다. 구성 작가는 이러한 사회의 변화 및 특성에 민감해야 한다. 그러한 문제점을 민감하게 읽어낸다면, 예능 프로그램에서든 교양 프로그램에서든 그런 의식적 영향력을 갖는 내용을 충분히 구성할 수 있는 것이다. '나는 가수다' 프로그램에서 가수들이 경합을 벌이면서 이기고 싶어 하는 마음도 진솔하게 보여주고, 지면 상대방에게 흔쾌히 박수를 보내준다. 이러한 장면들을 많이 보면서 사람들의 선의의 경쟁에 대한 인식을 은연중에 하게 될 것이다.

치사하게 이기는 것은 지느니만 못하고, 이긴다는 것은 남을 이기는 것이 아니라 자신의 인내심의 싸움이라는 점 등에 대해 깨달음을 줄 수 있는 내용이 방송 내용 곳곳에 녹아 들어가 있을 수 있다. 요즘 유명 연예인들이 리얼 버라이어티 프로그램에 많이 출연하는데, 의식 있는 구성 작가들이 그런 점에 신경을 써서 내용을 구성한다면, 매우 바람직한 효과를 거둘 수 있을 것이다.

그런가하면, 사람의 됨됨이를 판단하는 것은 집합명사적인 타이틀이 아니라, 다른 누구도 아닌 본인이 갖고 있는 능력 속에 있다고 하는 인식의 확산도 우리 사회에서 절실하게 요구된다. 예를 들어 서울대생이라고 하여 다 우수한 것은 아니며, 이름 없는 대학의 학생이라 하여 못난 것은 아니라는 점이다. '우수하다, 못 났다' 하는 판단 자체가 잘못된 것이다. 사람은 제각기 개성이 있으며 수많은 개성을 두고서 어찌 한 줄에 세우는 가치 판단을 할 수 있겠는가. 이러한 인식이 확실해지면, 우리 사회의 많은 문제가 해결될 것이다. 무조건 좋은 대학에 보내려고 애 쓰는 부모님의 성화도 사라질 것이고 눈 가리고 아웅 하여 어떤 식으로든 거짓을 써서라도 스펙을 갖추고자 하는 부정도 사라질 것이다.

지금 우리 사회는 갈등의 골이 너무나 깊어지고 있다. 상대방의 생각이 자신과 다르면 상종도 안 하려고 하니, 생각의 차이가 좁혀질 도리가 없다. 예능 프로그램에서도 너는 떠들어라, 나는 이거 한다는 식의 행위가 많이 등장한다. 토론 프로그램에서도 '그게 아니고' 하면서 일방적으로 단절하여 더 이상 언급 안하는 화법이 유행한다.

구성 작가들이 의식이 있다면, 이러한 사회적 병폐에 대해 심각하게 고민하면서 대중 매체 속에서 좋은 가치관과 정서를 보급할 수 있는 프로그램 아이디어를 내는 것이 마땅하다. 현실의 문제와 동떨어져서 흥미를 유발해내고 시청률만 높이면 되는 그런 세속적인 구성 작가가 되어서는 안 될 것이다.

### (6) 사람의 마음을 끄는 흥미 있는 내용

위에서 지적한 내용들을 보면, 마치 '방송이 교육의 장이라도 되어야 하나?' 하는 생각이 들 수도 있을 것이다. 그렇지는 않다. 아니 그래서는 안 된다. 방송은 어디까지나 시청자들에게 흥미로움을 주어야 한다. 그렇게 하기 위해서 너무 진지해서는 안 된다. 너무 진지한 것은 대중성을 띠지 못하므로 방송의 효과를 기대할 수 없다. 구성 작가가 노려야 하는 것은 시청자들이 이해하기 쉽게 평이하고 일상적인 내용을 다루어야 하는데, 그 속에서 은연중에 받게 될 영향력에 대해 민감하게 신경을 써보자 하자는 점이 될 것이다. 그리고 그러한 영향력을 거부감 없이 일궈내기 위해서 '어? 재미있는데?' 하는 흥미 요소를 반드시 갖추어야 한다. 흥미 요소는 방송의 생명이다. 이것이 전제된 후에야 위에서 열거한 좋은 가치에 대한 것도 가능하기 때문이다. 그러므로 구성 작가는 사람의 마음을 끄는 흥미 요소들을 창의적으로 짜내고 엮어내야 한다.

## 03 | 방송 구성 실습

그러면 이상의 내용 등을 고려하면서 실제로 아이디어를 내어 방송을 구성해 보는 실습을 해 보기로 한다. 먼저 방송 제작을 하는 데 참여하는 사람들의 구성을 살펴볼 필요가 있다.

| | | |
|---|---|---|
| 제작진<br>(production<br>staff) | 기획자<br>(producer) | 프로그램의 기획, 제작, 인력 관리, 예산 편성 및 집행 |
| | 연출자<br>(director) | 실제 프로그램의 영상과 음향 제작을 책임짐, 촬영현장에서 출연자들의 연기 지도, 카메라 숏(shot) 지정, 제작 스태프 지휘, 감독 |
| | 작가<br>(writer) | 연출자와 함께 프로그램의 형식과 내용을 만들어냄. 프로그램의 기획, 구성, 촬영 구성안, 녹화 테이프 프리뷰, 편집구성안, 대본 작성 |
| | 보조 작가들<br>(production assistants)<br>/ 스크립터<br>(scripter) : AD, 보조<br>작가 등 | 자료 조사와 섭외 |
| 제작기술진<br>(production<br>crew) | 기술감독<br>(technical director) | 제작기술진을 총괄 지휘, 감독, 프로그램 녹화 시 연출자와 함께 스튜디오 조정실에서 모니터를 보며 작업, 연출자의 지시에 따라 카메라 커트(cut)를 넘기고 버튼 조작을 통해 다양한 화면을 만들어 냄. |
| | 카메라맨<br>(camera operator) | 직접 카메라를 조작, 영상을 녹화. 야외촬영을 담당하는 ENG 카메라맨과 스튜디오 녹화를 담당하는 카메라맨으로 분류됨. |
| | 영상 엔지니어<br>(video engineer) | 최상의 화면 상태를 유지할 수 있도록 카메라에 포착된 영상의 상태, 스튜디오 카메라 명암의 조도, 색감 등을 조절, 관리, 완제품 제작 시 영상의 명암과 색 보정 |
| | 음향 엔지니어<br>(audio engineer) | 스튜디오 출연자의 마이크 상태, 촬영현장에서의 오디오의 픽업 상태, 내레이션의 녹음과 음향의 배합 |
| | 무대 감독<br>(floor manager) | 스튜디오에서 연출자의 지시에 따라 출연자와 방청객 등을 통제, 스튜디오와 조정실 간 연락 업무 |
| 출연진<br>(cast) | 진행자(MC),<br>리포터(repoter) | |
| | 가수, 탤런트 | |
| | 일반 출연자 | |

위에 정리한 많은 사람들의 작업을 통해 하나의 프로그램이 제작된다. 그러므로 구성 작가는 구성안과 대본을 작성하고 스태프들과 의사소통을 하기 위해 카메라 앵글, 촬영 기법, 숏(shot)의 종류, 화면 전환 기법, 기타 제작과 관련된 용어를 알아둘 필요가 있다.

구성 작가의 작업은 몇 단계의 방송 구성의 양식을 완성해 나가는 것으로 이루어진다. 몇 가지 작업 양식에 대해 살펴보자.

### 방송프로그램 제작 기획서

1. 프로그램명
   main title : 주인공(가제)
   sub title : 결혼 행진곡
2. 제작형식
   ENG 야외촬영
3. 방송일자 : 2007년 2월 3일~2007년 6월 30일
4. 방송시간 : 2TV 토요일 오후 6 : 45~오후 7 : 45
5. 방송편수 : weekly 총 22편
6. 프로그램 길이 : 60분
7. MC : 신동엽 조혜련
8. 기획의도 : 가족의 해체와 가족의 기능이 약화되는 요즘은 가족의 사랑과 소중함을 내포하는 프로그램이 필요하다. 특히 주말에는 가족이 함께 시청할 수 있는 연예오락 프로그램은 손에 꼽히고 대거 연예인들이 등장하여서 웃고 떠드는 방식이어서 아쉬움이 많다. 지금 기획하는 이 프로그램은 온 국민을 대상으로 부모님의 만남과 사랑에서 결혼까지의 과정을 돌아보며 부모님의 사랑이야기 힘들었던 부분을 자식들이 들어가며 부모님의 다른 면을 발견하고 지금껏 고생하신 부모님 아내 남편에게 감사하는 마음을 가지고 의뢰를 함으로써 부모님의 결혼을 다시 시켜드리는 것

이다. 이 과정에서 부모님의 옛 사랑 그 감정을 다시 느끼게 해드리고 가장의 어머니 아버지가 아닌 한 남자와 한 여자의 감정을 다시 느끼게 해주는 것을 보여주어 시청자들의 가정을 다시 화합하는 것을 목표로 하는 시청자가 주인공인 프로그램이다.

9. 주 시청 대상 층 : 온 국민 다

10. 시청자 흡입요소

1) 정보 : 우리들의 어머니 아버지 시대 때에는 어떤 사랑을 했는지 알 수 있고 부부들이 서로 어떤 점을 바라고 있고 어떤 점이 고마웠는지 를 알려준다.

2) 갈등 : 부부간의 갈등이나 가정 안에서 갈등이 있다.

3) 유머 : 주인공들 사는 곳 주민들을 모아 각자 부인이나 남편 또는 시 댁이나 친정 자식들에게 하고 싶은 말을 하는 시간을 통해 웃음을 주 고 또한 MC들이 부모님들의 연애 시절을 재연함으로써 코믹함을 줄 수 있다.

4) 인간미 : 우리 주변에 있는 사람들의 이야기를 다룸으로써 전혀 꾸밈 이 없고 친근감과 공감대를 느낄 수 있고 현실적이어서 우리 옆집 사 람들을 보는 느낌을 받을 수 있다.

11. 예상 아이템

1) 주인공 찾아가는 과정─MC들이 신청인을 만나 얘기를 나누고 주인공 을 찾아가는 과정을 보여준다.

2) 주인공 몰래 카메라─주인공의 성격과 대처능력등 주인공이 어떤 사람 인지 파악할 수 있다.

3) 주인공과 인터뷰─주인공과 대화를 통해 남편이나 부인에게 감동했던 점, 살면서 힘들었던 고비 등의 얘기를 통해 주인공의 가정 분위기를 알 수 있는 진지한 시간을 만든다.

4) 주인공의 연애 시절 재연─신동엽과 조혜련이 직접 주인공들의 연애 시절을 제보로 재연을 한다.

5) 부부 애정도 테스트─주인공들을 만나 미리 문제를 만들어서 서로 일 치하는가를 확인하는 부부 애정도 테스트를 해본다. 테스트를 통과하 면 주인공이 제일 갖고 싶어 하던 선물을 받을 수 있다.

다음에 제시하는 것은 학생들의 방송 프로그램 제작 기획서 및 방송 큐 시트, 그리도 대본이다.

---

**방송 프로그램 제작 기획서**

1. 프로그램명 : 셀레브리티 스토리(Celebrity Story)
2. 제작형식 : 스튜디오 녹음
3. 방송일자 : 2012년 11월 22일~
4. 방송시간 : TVN 목요일 오후 09 : 50~오후 09 : 58
5. 방송편수 : once a week(일주일에 한번씩)
6. 프로그램 길이 : 8분
7. 내레이션 : 버벌진트, 김윤아
8. 기획의도 : 모든 셀레브리티들은 그들만의 이야기를 가지고 있다. 방송하는 날짜와 관련된 셀레브리티들의 탄생, 죽음, 업적 등을 시청자들에게 제공하기 위해 제작하였다. 방송하던 프로그램이 끝나고, 다른 프로그램이 시작하기 전 다른 채널로 이동하는 시청자들을 잡기 위하여 짧지만 강하게 집중할 수 있도록 기획하였다.
9. 주 시청 대상 : 남녀노소 전 연령층
10. 시청자 흡입요소
    ① 정보 : 시청자들에게 많이 알려져 있는 유명인 혹은 위대한 업적을 남긴 사람들에 대한 정보를 제공하고 다시 한 번 그 인물들을 되새겨보는 시간을 가질 수 있게 구성.
    ② 눈요기거리 : 자정이 되어가는 늦은 시간, 한 프로그램이 끝나고 다른 프로그램이 시작하기 전 지루하거나 졸릴 수 있는 시간에 부담 없이 볼 수 있도록 구성.
11. 예상 아이템
    ① 프로그램 방송 날짜와 그 날짜와 관련 있는 유명인들을 전체적으로 소개한다.
    ② 내레이션을 맡은 버벌진트와 김윤아가 격주로 번갈아가며 인물을 소

---

개한다.

③ 각 인물과 관련된 사진이나 영상자료를 시각자료로 이용하여 내레이션으로 소개한다.

④ 마지막으로 유명인들과 날짜를 함께 클로즈업하며 프로그램을 끝낸다.

※ 철저히 8분이라는 시간 안에 해당 날짜와 관련된 인물과 해당 인물들에 대한 사건 등을 보여주는 눈요기 및 정보성 프로그램.

## 방송 큐시트

| | 시간 | 제목 | 내용 | 총시간 |
|---|---|---|---|---|
| 1 | 21:50:00~ 21:50:10 | 타이틀, 배경음악 | 타이틀 화면 | 10초 |
| 2 | 21:50:10~ 21:51:10 | 내레이션 등장 및 인사, 본인 소개, 날짜 소개 | 내레이션하는 연예인이 녹음 스튜디오에 등장하여 인사하고 본인 소개 | 1분 |
| 3 | 21:51:10~ 21:57:00 | 인물소개 및 설명 | 인물관련 영상이나 사진이 함께 등장하며 내레이션이 흘러나온다 | 약 6분 |
| 4 | 21:57:00~ 21:57:50 | 내레이션 등장, 정리, 마무리 멘트 및 인사 | 내레이션이 녹음 스튜디오에 등장, 멘트, 인사 | 50초 |
| 5 | 21:57:50~ 21:58:00 | 타이틀, 배경음악 | 타이틀 화면 | 10초 |

방송 대본

| 조수미 소개 | |
|---|---|
| 내레이션 | 존 에프 케네디 대통령이 죽기 일 년 전인 1962년엔 한국에서 세계적인 소프라노 조수미가 태어납니다. 현재 나이 51살인 그녀는 아직도 활동을 하고 있으며 주로 외국에서 활동을 하지만 한국에서 장학 재단활동을 하거나 어린 아이들이 성악을 하는 데 어렵지 않게 꿈을 키울 수 있게 도와주고 있습니다. 다른 성악가에 비해 언론에 많은 얼굴을 비추면서 우리에게 거리감 없이 다가오면서 성악이라는 장르 또한 마냥 어렵게 느끼지 않게 해주고 있습니다. 조수미라는 성악가를 많은 대중들이 알게 된 것은 팝페라 '나가거든'을 통해서입니다. |
| 마무리 멘트 | |
| 내레이션 | 11월 22일과 관련된 대표적인 인물을 지금까지 살펴보았습니다. 이들의 영향력이 대단한 만큼… 하락 |
| 다음주 이 시간에 또 뵙겠습니다. 안녕히 계세요 | |

각 양식의 내용을 작성할 때, 어떤 것이 포함되어야 하는가를 보이기 위해, 아주 짧은 방송 프로그램에 대한 기획서와 큐시트, 대본을 보았다.

시작 단계에서 구성한 대본 작업으로 구성 작가의 일이 끝나는 것이 아니다. 작가는 촬영이 완료되면 촬영된 테이프를 모두 검토하면서 편집 구성안을 작성하게 되는데, 50분 분량의 다큐멘터리 한 편을 제작하기 위해서는 적게는 수십 권부터 많게는 수백 권의 테이프가 촬영되므로 그 가운데 영상을 골라 구성을 해야 한다.

피디가 촬영해 온 화면을 보면서 1초도 놓치지 않고 꼼꼼히 보면서 어떤 영상을 쓰고 어떤 이야기를 만들어 구성을 할 것인가, 구성 작가는 다시 작업을 시작한다. "엄연히 존재하는 사실에서 옥석을 가려 드라마틱하게 재구성하는 사람이 바로 구성작가다."라고들 말한다. 사실을 발견하여 재현해 내는 것도 구성 작가의 일이지만 완제품을 만들기 위해 다시 치열하게 구성에 대해 생각하며 옥석을 가려내야 하는 것도 구성 작가의 일인 것이다.

현대 사회의 대중매체 중에서 우리 사회에 가장 많은 영향력을 미치는 TV 방송, 그 대부분의 내용을 탄생시키는 구성 작가의 역할은 흥미와 유익함의 두 마리 토끼를 동시에 다 잡아야 하는 매우 힘든 과제의 수행이라는 점을 명심하면서, 기본에 충실하고 이 사회에 밝은 빛을 던져주는 의식 있는 구성 작업을 수행해야 할 것이다.

## 생각샘

**1** 텔레비전 방송 프로그램을 한 편 골라서 이 장에서 언급한 좋은 방송 구성의 요건과 관련지어 비평을 해 보자.

    (1) 프로그램 제목, 방영 시간, 방송사, 프로그램에 대한 소개

    (2) 비평 내용 서술(구체적으로 하기)

## 두레박

**1** 조별로 구성작가 실습을 해 보자.

   (1) 방송 프로그램 제작 기획서

   (2) 방송 프로그램 구성안

   (3) 한 회 분 대본(1회 차, 또는 마지막 회, 또는 중간)

# 제5장

# 방송 희극 대본 창작 실습

　'극(劇)'이란 상황이나 사건을 글의 서술로 표현하지 않고, 현장성을 살려 등장인물의 대화로 줄거리를 진행시키는 형식의 문학을 뜻하거나 그러한 행위가 이루어지는 예술 작품을 뜻한다. 인간의 느낌이 크게 기쁨, 성냄, 슬픔, 즐거움으로 이루어지다보니, 극에서 주로 기쁘고 즐거운 쪽인가, 슬픈 쪽인가 하는 방향성을 가지고 그 지향하는 바가 전개되었다. 기쁨과 즐거움으로 이루어진 것을 희극이라 하고, 슬픈 내용이 주로 전개되는 것은 비극이라 한다.

　'희극(喜劇)'을 영어 표현으로는 '코미디(comedy)'라 한다. 'comedy'는 그리스어에서 왔으며 어원적으로는 'comus(잔치, 축제)+ode(노래)', 'come(시골)+ode(노래)', 'coma(잠)+ode(노래)'라는 세 가지 추정이 있다. 잔치와 시골과 잠의 공통성은 긴장이 해소되고 경계가 없어지는 편안함에 있다고 본다면, 희극이라는 개념은 발생시기부터 현재 우리가 생각하는 개념과 일맥상통하는 바가 있다고 생각된다.

희극의 발생은 풍요의 신을 기리는 축제 같은 고대의 의식에서부터 비롯된 것으로 보는 것이 일반적이다. 희랍에서는 시골의 연중행사로 거행되었던 풍요의 신 디오니소스를 기리는 축제가 있었고, 한국에서는 상고시대의 영고, 동맹과 같은 농사 후 백성이 모여 음주와 가무를 즐기며 웃고 노는 행사가 있었다. 이러한 행사들을 희극의 원류로 본다.

전통적으로 희극 창작의 시작은 셰익스피어(William Shakespeare, 1564~1616)의 5대 희극을 꼽을 수 있다. 중세 시기가 끝나고 근세가 시작될 무렵 탄생한 르네상스 문학의 거장인 셰익스피어는 낭만, 비극, 희극 전 영역에 걸쳐 대사가 있는 극을 창작하였다. 5대 희극으로 일컬어지는 "베니스의 상인, 한여름 밤의 꿈, 말괄량이 길들이기, 십이야, 뜻대로 하세요."는 인간의 현실에 바탕을 두고 인간이 갖고 있는 부조리한 모순적 특성도 꼬집으며 유쾌한 결말을 제공하고 있다. 근세에 새로 부상한 돈에 대한 비정함과 반전의 이성적 통쾌감, 남녀의 사랑을 소재로 한 마법의 소동, 거칠고 사나운 한 여성을 길들여 얌전하고 순종적인 아내로 만들어 가는 에피소드들, 남녀 간의 사랑의 얽히고설킨 이야기들이 흥미진진하게 펼쳐지며 결말은 모두 해피엔딩으로 이루어진다.

역사적으로 보면, 희극에 대한 이론적 언급은 고대의 사상가인 아리스토텔레스(Aristotle, BC 384~BC 322)의 시학에서 시작된다. 그는 희극은 "보통 이하의 악인을 모방하려 한다."고 했다. 또한 "여기에서 악인은 특정한 종류의 악인으로서 일종의 추악한 것이며, 우스꽝스러운 것이고, 우스꽝스러움은 남에게 고통이나 해를 끼치지 않는 일종의 실수 혹은 기형(the deformed)을 말한다."고 했다. 고전적 개념의 희극 정의는 대체로 아리스토텔레스의 이론과 셰익스피어의 작품에서 드러나고 있다. 우스꽝스러움이 개입하며 해피엔딩이라는 특징을 꼽을 수가 있을 것이다.

셰익스피어의 희극이 무대에서 상연되는 형태였다면, 영화를 통해 등장한 코미디로는 찰리 채플린이 연기한 슬랩스틱 코미디(Slapstick Comedy)를 들 수 있다. 채플린은 '엎어지고, 자빠지는' 식의 몸으로 웃기는 코미디를 연출한다. 늘 한 손에는 막대기를 들고 빙글빙글 돌리며 과장된 몸짓과 목소리를 구사한다. 그리고 그러한 우스꽝스러움 속에는 사회의 부조리를 고발하는 풍자성이 깃들여 있었다. 나치의 독재 치하에서 허약하게 당하면서도 그들을 놀리는 장면들이 이어진다.

연극이나 영화의 두 범주의 큰 대별이 비극과 희극인데, 그 줄거리 결말이 즐거우면 해피엔딩일 때 그 연극이나 영화를 희극이라고 칭한다. 크리스마스 전후로 펼쳐지는 한 도시의 일상적 에피소드로 엮은 '러브 액츄얼리'나 아이돌 스타 앞에 여섯 살 난 아들을 데리고 자신이 그의 딸이라며 나타남으로써 36세의 할아버지와 22세의 딸, 그리고 6세의 손자가 벌이는 에피소드를 엮은 '과속 스캔들' 같은 극들은 긴 구성을 가지고 펼쳐지는 긴 이야기라는 점에서 영화 시나리오나 드라마 작법에서 다룰 내용들이다.

이 장에서 다룰 것은 크게는 희극의 범주이면서 짧은 시간 안에 대중들을 포복절도하게 웃기는 개그(Gag)에 초점을 둔 것이 된다. '개그'란 연극, 영화, 텔레비전 프로그램 따위에서 관객을 웃게 하기 위하여 행하는 대사나 몸짓을 뜻한다. 순화어로 '재담'으로 표현할 수 있는데, 재담은 일상 속에서 웃음을 주는 대사들도 지칭할 수 있으므로 방송 프로그램의 장르 명칭은 아닌 듯하다. 어쨌든 방송에서 코미디 프로그램으로 방영되는 것은 주로 개그 위주의 구성으로 이루어져 있다. 긴 스토리로 한 편의 기승전결이 있는 시나리오나 드라마가 아니라 짧게 구성되고 그 짧은 시간 내에 한 마디, 한 마디를 구사할 때마다 시청자들을 웃게 만드는 데에 주력한다.

한국의 방송 희극, 즉 코미디 프로그램은 1969년, MBC 방송국이 개국되면서 '웃으면 복이 와요'라는 타이틀로부터 시작되었다. 대사를 통한 줄거리 구성을 가지지만 줄거리의 해학성보다는 코미디언 배우들이 건듯하면 넘어지고 바보스러운 표정을 지으면서 사람들에게 웃음을 제공하였다. 이 이전에 1961년 KBS 방송국이 개국되었을 때에는 본격적인 독단의 코미디 프로그램은 없었고, 프로그램 중간 중간에 오락과도 같이 삽입되었다. 1980년대에는 넘어지고 쓰러지거나 때리고 맞는 우스꽝스러운 코미디에서 다소 벗어나 신선한 대사로서 웃기기 시작하는 개그맨들이 등장하였다. 그러다가 1999년도에 탄생하게 되는 코미디 프로그램 '개그콘서트'는 무단히 넘어지거나 바보짓을 하는 과거의 방식을 탈피하여 줄거리 구성과 재담으로서 웃음을 자아내게 만드는 수준작으로 인정되었다. 더욱이 방송의 형태를 공개 무대 형식을 취하고 몇 개의 코너 사이사이에 음악 밴드 연주도 하는 버라이어티 형식을 취하였다. 이 '개그콘서트' 프로그램은 현재까지도 방송되고 있는 장수 프로그램이 되었고 이 형식과 흡사한 개그 프로그램들('웃찾사' 등)이 탄생하였다.

이 장에서 다루고자 하는 것은 방송 희극이다. 대중들에게 널리 웃음을 선사하는 코미디극의 이모저모를 살펴보면서, 웃음을 유발하는 요인이 무엇인가에 대해서도 궁리해 보면서 우리 사회에 즐거움과 동시에 유익함을 줄 수 있는 정말 좋은 개그 프로그램의 아이디어도 찾아보자.

## 01 │ 방송 희극 이야기

희극은 경쾌하고 흥미 있는 줄거리와 인물을 등장시켜 사람들을 웃게 하는 것을 목적으로 하는 극이다. 각박한 현대 사회 속에서 사람들에게 웃음을 줄 수 있는 좋은 프로그램을 만드는 것은 매우 가치 있는 일이다. 타인을 웃기는 일은 아무나 하기 어려운 것인데, 그럼에도 불구하고 타인을 웃길 수 있는 위치에 서서 연기를 하고 웃음을 자아내고 박수를 받는다는 것은 무척 매력적인 일이 아닐 수 없다. 그래서인지 젊은이들 중에 방송 희극인 지망생의 수도 무척 많다. 희극이야말로 체면치레 가리지 않고 행복을 추구하는 현대 사회의 성향에 딱 맞는 코드이며, 따라서 현대 사회로 올수록 더욱 각광을 받게 되는 것이다.

예전에는 유쾌하게 웃는 것이 양반이 할 행동이 아니라는 보수적인 인식도 있었다. 이러한 인식은 어쩌면 중세시기로 거슬러 올라갈지도 모른다. 중세 시기는 종교적 원죄 인식 속에서 신 앞에서 감히 웃는다는 것은 죄를 짓는 것이나 다름없다고 생각했다. 유교 사회 속에서도 아무데서도 입을 벌리고 소리 내어 웃는 것은 군자가 할 일은 못 된다는 인식을 했었다. 그런데 이러한 것은 일종의 억압이었음을 근세, 근대, 현대로 올수록 깨닫게 된 것이다.

왜 사람을 웃기는가? 사람이 웃는 것이 왜 중요한가? 희극의 대사와 구성은 사람들을 웃기기 위해 새로운 발상에 의한 줄거리의 발굴을 시도하고 예측불허의 어처구니없는 반전을 설정한다. 무심코 TV를 시청하던 사람들의 웃음보가 터진다. 경직된 마음을 열게 만들고 환경적, 사회적 불합리로 인해 쌓이고 있는 스트레스를 확 풀게 만든다.

스트레스로 가슴에 무거운 것이 짓누를 때 웃을 일이 생기면 잊어버리게 된다는 것은 의학적으로도 증명이 된 사실이다. 웃음은 각성물질인 도파민의 분비를 촉진하여 기분을 상쾌하게 하며, 횡격막의 상하운동으로 내장의 혈액의 움직임을 좋게 한다. "웃음은 내장의 달음박질이다(Laugh is internal jogging.)."라고도 말한다. 우리가 웃으면 내장도 웃는다는 것이다. "하! 하! 하!" 소리 내어 웃으면 이산화탄소를 많이 배출하고 산소를 많이 흡수하게 된다.

한 번 웃으면 한 번 젊어진다고 하며, 만병 최고의 약은 웃음이라고 한다. 한 번의 웃음은 5번의 에어로빅과 유사한 효과가 있고, 1분을 웃으면 10분의 운동효과가 있으며, 15초 동안 크게 웃으면 수명을 2일간 연장한다고 한다. 하나님을 잘 믿는 유대인들은 특별히 웃지 말아야 될 성전이 파괴된 날이라든가 하는 날을 제외하고는 웃는 것이 습관화되어 있다고 한다.

'웃음 요법(Laughing Therapy)'이 건강에 이롭다는 것은 최근 한국웃음센터의 한 실험에서 밝혀졌다. 피실험자들의 체력을 세밀하게 기록하고 웃음요법을 마친 후 측정했는데, 체력이 놀랄 정도로 향상된 것이다. 웃을 일이 없어도 박장대소 10계명, 박장대소 7운동을 설정해서 억지로라도 웃으면 이러한 효과를 볼 수 있다고 한다. 이를테면 어떤 선을 집에 그어 놓고 그 선을 밟을 때마다 박장대소를 하는 것이다. 몇 년 전 영국에서 발표된 한 통계 자료에 따르면 어린이들은 하루에 4백 번 정도 웃는다고 한다. 이런 어린이가 자라 어른이 되면, 하루 6번 정도 웃는다고 한다. 나이가 들면서 웃음이 차츰 적어진다는 점은 웃음을 줄 수 있는 매개가 우리 사람들에게 매우 중요하다는 간접적 근거도 되는 것이다.

희극의 효과는 바로 이러한 인간과 웃음의 친밀한 관계 속에서 탄생한다. 억지로 웃는 웃음이 아니라 누가 웃겨서 웃는다면 훨씬 더 좋을 것이다. 물론, 직접 어떤 놀이에 참여하면서 신이 나서 웃는 것보다는 못하지만, 사람들에게 짜증나지 않고 스트레스 주지 않는 건강한 웃음을 주는 희극을 만드는 일은 분명 보람된 일이다. 이러한 웃음의 효과에 대해 매료된 사람들이 바로 방송 희극의 창작에 매력을 느낄 것이다.

코미디 장르에는 여러 유형이 있다. 그 종류들을 나열해 봄으로써 우리가 창작할 희극에 대해 구상하는 바탕을 마련해 보기로 하자.

- 소극식 코미디—1970년대(웃으면 복이 와요)
- 시츄에이션 개그 코미디—1980년대(영구 시리즈)
- 콩트 나열식 코미디—1990년대 유머를 재담으로 연출(코미디 전망대)
- 버라이어티 코미디—무대 위에서 공연하며 음악 연주 등 다채롭게 구성(개그 콘서트)
- 블랙코미디—모순, 부조리에 대해 희화하여 표현, 냉소적, 뼈 있는 농

담(예 : 채플린의 '독재자', 마이클 무어의 '부시 죽이기')
- 로맨틱 코미디—남녀 간의 사랑을 줄거리로 함
- 뮤지컬 코미디—뮤지컬과 코미디의 결합
- 풍자 코미디—고발할 것을 조롱하는 것이 주 내용임
- 성격 코미디—조롱의 대상이 사람인 경우
- 풍습 코미디—사회적 인습에 대해 풍자
- 사상 코미디—인습적인 사고방식에 대한 풍자
- 사회 코미디—사회의 구조 자체에 대한 관심
- 시트콤—30분 내외의 TV 연속물 코미디, 고정된 등장인물들의 집이나 가족, 직장의 일상 경험과 상황 속에서 매회 웃음을 유발하는 문제가 발생하고 해결되는 에피소드들로 구성된 스토리를 가짐(코스비 가족, 지붕 뚫고 하이킥, 순풍산부인과, 올드미스 다이어리)

위의 여러 종류들이 정확히 경계를 지으면서 구분되는 것은 아니다. 버라이어티 코미디는 뮤지컬, 블랙 코미디를 포함할 수도 있고, 블랙 코미디와 사상, 사회 코미디는 겹칠 수도 있다. 그 특징에 따라 명칭을 붙인 것이므로 하나의 코미디가 다채로움을 띨 때, 여러 특징이 발생하므로 어느 명칭으로 유형이 분류되지 않아도 될 것이다. 위의 여러 예 중에서, '시트콤'은 드라마의 범주에 들어갈 것인데, 한 편의 서사적 구조를 가지지만 초점은 웃음 유발에 있다는 점에서 코미디 범주에서 다룰 수도 있다. 희극 작가가 특히 관심을 가지고 도전해 봄직한 분야라고 생각되는데, 다른 코미디들은 경우에 따라 개그맨들의 직접 창작도 개입되고, 애드립도 가미되어 구성될 수 있으나, 이 시트콤은 전적으로 작가에 의해 탄생될 수 있기 때문이다.

방송 희극 프로그램의 전체 모습이 리얼 버라이어티가 되든 또 다른 전혀 새로운 양식을 지닌 어떤 형태가 되든, 그 중심에는 단막 희극 하나하나로서 건강한 웃음을 줄 수 있는 내용이 창작되어야 한다. 방송 희극 한 프로그램에는 여러 코너들을 각기 담당하는 여러 명의 작가가 관여되어 있을 수 있고, 작가가 기본 대본을 창작하고 그것을 바탕으로 희극 연기인들이 연기를 하면서 더욱 웃음을 유발할 요소를 첨가하거나 변경시킬 수도 있다. 이러한 과정에서 방송 희극 프로그램을 만드는 사람들은 웃음이 시청자에게 주는 유익함에 대해 집중하면서, 역기능을 가질 내용은 지양하고 순기능을 가질 좋은 내용을 만들어야 한다는 점을 명심할 필요가 있다. 웃기려다 보면 상식이나 윤리를 벗어나는 내용이 쉽게 들어갈 여지도 있다. 그러나 대중매체의 프로그램들이 대중에게 주는 영향은 매우 큰 것이므로 좋은 내용을 가지고 건강한 웃음을 주는 좋은 방송 희극을 만들어야겠다는 창작인들의 각성이 필요하다. 별 생각 없이 쉬운 방식으로 이상한 짓을 해서도 사람들은 웃는다. 그러나 진한 감동을 주는 웃음은 아니다. 순기능을 주는 웃음을 만들겠다는 각오로써 창작의 과정을 더욱 치밀하게 두드리고 손질하여 더욱 탄탄하고 훌륭한 희극 작품을 탄생시켜야 한다.

무엇이 사람을 웃게 만드는가? 웃음의 요소에 대해 아주 이른 시기부터 논의되었다. 희극의 정의에 대한 전통적인 몇 내용을 예로 들어보면서, 웃음의 요소에 대해 어떻게 인식했는가에 대해 알아보자.

① 아리스토텔레스(Aristoteles, BC. 384~322)의 '시학'

희극은 실제 이하의 악인을 모방하려 하고, 비극은 실제 이상의 선인을 모방하려 한다. (중략) 희극은 위에서 말한 바와 같이, 보통 이하의 악인의 모방이다. 그러나 이때 보통 이하의 악인이라 함은 모든 종류의 악과 관련해서 그런 것이 아니라, 어떤 특정한 종류, 즉 우스꽝스러운 것과 관련해서 그런 것인데, 우스꽝스러운 것은 추악의 일종이다. 우스꽝스러운 것은 남에게 고통이나 해를 끼치지 않는 일종의 실수 또는 기형이다. 비근한 예를 들면 우스꽝스러운 가면은 추악하고 비뚤어졌지만 고통을 주지는 않는다.

② 키케로의 '웅변'(Cicero, De Oratore, BC. 55~51)

우스꽝스러운 모든 것은 그러므로 존경 받지도 못하고, 애처로운 상황에 처해 있지도 않으며, 죄의 대가로 벌을 받아야 하지도 않는 사람들의 성격으로부터 관찰되는 약점임을 알 수 있다. 그러한 주제는 분명 박장대소를 일으키고야 만다.

기대를 배반하기에, 다른 사람의 성격을 풍자하거나, 우리 자신의 성격을 웃음거리로 만들거나, 어떤 것을 나쁜 경우와 비교하거나, 척하거나, 말도 안 되는 것처럼 보이는 것을 말하거나, 그리고 어리석음을 탓하거나 함으로써 웃음이 유발된다.

③ 닐과 크루닉(Neal & Krutnik)의 '영화 속의 코미디, TV 속의 코미디'
    (강현두 역, 1996)

코미디는 우리를 웃기기 위해서 반드시 놀라게 하는 것, 부적절한 것,
그럴듯하지 않은 것, 그리고 초월적인 것을 사용한다. 그것들은 사회문
화적 규범들과, 다른 장르나 미학적 체계를 지배하는 규범들로부터 일
탈을 수행한다. 그러므로 코미디의 경우에 일반적인 관행들은 사회적으
로나 미학적으로 무례함을 요구한다. (중략) 이는 코미디가 특정한 미학
적 체계와 제도적 틀 내에서 종종 예외적인 위치를 차지하는 이유와 코
미디가 잠재적으로 또는 실재로 전복적인 것으로 취급되는 이유를 설명
하지만, 반면에 '전복'과 '초월'이 제도화된 공통의 필수요건이라는 사
실 때문에 그런 잠재력이 심하게 줄어든다는 사실 또한 보여준다. 하지
만 코미디는 때때로 현실을 벗어날 수가 있으며, 그 허용범위도 일반적
으로 그리고 필수적으로 매우 상당하다.


위의 언급들을 살펴보면, 시대에 따라 웃음을 주는 요소에 대해 부정과
긍정의 평가가 다르다는 것을 알 수 있는데, 웃음을 주는 요소가 무엇인가
에 대해서는 시대를 막론하고 일치함을 알 수 있다. 코미디가 사람들을
웃게 하는 요소로서 '우스꽝스러움, 실수, 기형, 기대를 배반, 다른 사람의
성격을 풍자, 우리 자신의 성격을 웃음거리로 만듦, 어떤 것을 나쁜 경우
와 비교, 척함, 말도 안 되는 것처럼 보이는 것을 말함, 어리석음을 탓함,
놀라게 함, 부적절함, 그럴듯하지 않음, 초월적임, 일탈, 사회적으로 관행
적으로 무례함, 전복'과 같은 것들을 들고 있다.

과거의 코미디 초창기 시대에는 코미디언들이 나와서 넘어지고 쓰러지
고 바보처럼 실수 연기나 바보 연기만으로도 사람들이 웃었다. 그러나 그

것이 연속되면서 식상해지고, 사람들은 지루함을 느꼈다. 남이 곤경에 빠지는 장면을 보고 재미를 느끼는 것, 이것은 남의 실수나 부족함, 또는 괴로움을 즐기는 가학적인 심리상태를 자극하는 것으로서, 바람직하지 않다는 인식을 하게 되었다. 이제 희극계는 '웃기고 보자'식의 거친 사고방식으로 승부하지 않고 재치와 상상력과 창의성이 돋보이는 희극 구성을 위해 노력을 한다.

다음의 내용은 '반어적, 반상황적'인 내용으로 전개되거나, 조롱과 놀림의 가학과 피학의 관계가 표현되거나, 자기처벌적 현실순응적 상황을 연출함으로써 웃음을 자아내는 코미디의 예이다('개그콘서트'의 예임).

① 반어적, 반상황적, 〈애정의 조건〉
봉선 : 나 예전에 CF 찍었던 거 생각난다.
인석 : 무슨 CF?
봉선 : 왜 이래, 나 여기서 화장품 CF 찍었잖아. 전지현도 내 백만불
　　　 짜리 몸매에 밀리더라구. 인석씨, 나 전지현 같지?
인석 : 전원주 같애.

② 조롱과 놀림의 가학과 피학의 관계, 〈장난하냐?〉
둘째형 : 막내야, 혹시 어제 네가 오이마사지 했니?
막　내 : 응.
둘째형 : 그 오이 피클 됐더라.

둘째형 : 너 어제 냉장고의 우유 입대고 마셨니?
막　내 : 그런데 왜?
둘째형 : 떠먹는 요구르트 됐더라.

(막내가 컵라면에 물을 붓는다. 자기 물을 먼저 붓고, 큰형한테 물을 붓고 둘째형한테 남은 물을 부어준다.)

둘째형 : 우리 막내가 나한테는 물을 세 번째로 부어줬구나. 장난하냐? 그럼 내가 끝물이라는 소리냐?

(막내가 음료를 준다)

둘째형 : 이건 진짜 같은 거지?

막　내 : 그래, 그래, 같은 거야.

둘째형 : (마시다가) 우리 막둥이가 나에겐 조금 다른 음료를 준 것 같구나. 형의 음료는 뚜껑에 한 병 더라고 써있고, 나의 음료는 다음기회라고 써 있구나. 장난하냐? 그럼 내 인생은 다음 기회란 소리냐?

③ 자기처벌적, 현실순응적(자기처벌의 요소가 있으나 현실적인 자기 부정과 현실에 대한 조롱은 아님)

재욱 : 니들 자꾸 떠들면 칠판에 이름 적는다.

홍준 : 그래? 근데 다음 주에 반장선거 있지 않냐.

재욱 : 참, 그렇지. (규선에게) 규선아, 내가 빵 줄테니까 반장 뽑아줘라.

규선 : 치, 그깟 빵에 넘어갈 거 같애?

재욱 : 생크림 빵인데?

규선 : (호호호) 좋아~

(청소시간, 홍준이 청소를 하지 않자 재욱이 왜 청소를 하지 않느냐고 묻는다.)

홍준 : 나는 청소를 해본 적이 없어.

재욱 : 뭐라고? (화를 내다가)

홍준 : 내 대신 청소하면 이거 줄게. (고급 시계를 꺼낸다)

재욱, 갑자기 엎드려 바닥을 닦기 시작.

다음에 정리해 본 것은 여러 프로그램에서 웃음을 유발한 내용들이다.

④ 슈퍼스타 KBS(방영일 : 2010년 6월 13일~ )

오디션 프로그램인 케이블 채널 엠넷의 슈퍼스타 K를 패러디한 코너. 출연자 대부분이 KBS의 신인 개그맨이다. 신보라는 가수 못지않은 가창력을 자랑하지만 신체적 결함으로 결국엔 웃음거리가 되고 만다(손을 들고 높이 흔들다 겨드랑이 털이 드러나거나, 뒤로 돈 후 문신이 있든지, 혹은 눈물로 마스카라가 지워지는 등). A형, B형, AB형, O형 등 각각 다른 혈액형을 가진 4명의 이들이 등장해 각자 혈액형의 특징을 잘 포착해내어 웃음을 주는 혈액형 브라더스, 성악가 출신 아이돌인 성악돌과 너무 부담스러운 행동을 보이는 부담 보이즈, 예닐곱가지 정도 되는 성대모사(이명박 대통령, 영화배우 송새벽, 이순재, 피글렛, 박상민, 졸라맨등)를 구사하며 노래를 부르거나, 트럼펫 소리도 내며, 마지막 부분에서 스타크래프트의 유닛도 성대모사를 함.

⑤ 감수성(방영일 : 2011년 4월 3일~ )

사극 개그. 코너가 시작될 때 내레이션 "북쪽의 오랑캐가 쳐들어와 평양성, 북한산성, 남한산성이 함락되고 … 마지막 남은 감수성! 이 감수성의 장군들은 감수성이 풍부했으니…"으로 시작. 등장인물 모두는 희로애락의 감수성이 넘치는 '휴머니스트'들, 당차고 굳세야 할 왕과 장군이 마음이 여린데, 이는 관객들의 웃음을 유발. 감수왕이 강한 어조로 명령을 내릴 때마다 장군들과 내시는 항시 상처를 받는데, 잔잔한 음악이 흐른 뒤에 장군들이 하소연을 하고 왕은 자신의 언행에 대해 사과한다. 많은 연예인들이 청나라 오랑캐 역할로 특별 출연하기도 함. 감수왕이 '백성들에게 승전보를 알리고 풍악을 울려라'라는 대사와 함께 무대에서 연기가 솟고, 코너가 끝남.

⑥ 생활의 발견(방영일 : 2011년 4월 17일~ )

　헤어지려는 커플들의 이야기를 다양한 장소에서 재미있게 표현해 웃음을 주는 코너. 기차 안, 치과, 간장게장 집, 야구장 등 이별을 고하는 장소가 다소 우스꽝스러운 것이 웃음 포인트이며, 남녀 커플의 대화 내용과 주변 사람들의 다른 상황 속에서의 말이 겹치는 장면 역시 시청자들의 웃음을 유발.

⑦ 비상대책위원회(방영일 : 2011년 8월 14일~ )

　많은 사람들의 생사가 걸린 긴박한 상황 속, 10분이라는 짧은 시간 안에 대책을 세우려고 하는 비상대책위원회의 모습을 코믹하게 그려낸 코너. 상황의 보고자가 보고하면 다른 사람이 "야~ 안돼!" 하며 10분만에는 그 모든 것을 해결 못 한다고 긴 말을 늘어놓고 변명한다. 경찰서장은 "지금부터 내 지시에 따른다."라 하며 뭔가 나올 것처럼 말하지만 결국 구시대의 방식들을 얘기하다 아무런 대책도 못 세운다.

⑧ 애매한 것들을 정해주는 남자, 애정남(방영일 : 2011년 8월 21일~ )

　일상 속에서 살면서 겪게 되는 각종 애매한 상황들(예컨대 연인 간의 사랑과 집착의 기준, 민낯(쌩얼)의 기준 등)에 대해 개그콘서트 홈페이지 게시판 "도와줘요 애정남!" 란에 올라온 시청자들의 사연을 받아 속 시원히 풀어나가는 코너. 게시판에 약 10,000건의 시청자들의 사연이 올라오면서, 2011년 10월 16일 방영분부터는 코너 속에 '속성 애정남' 코너를 마련하여 여러 사연 중에 몇 가지 애매한 사연을 엄선하여 빠르게 정해준다.

⑨ 대화가 필요해(방영일 : 2006년 11월~2008년 11월)

　　전형적인 경상도 가정의 식사시간을 개그로 엮은 코너로, 가족의 무뚝뚝하면서도 별일 없다는 듯 이어지는 대화 속에서 느껴지는 가족애를 느낄 수 있었음. 아버지가 곤란할 때마다 말한 "밥 묵자~"가 유행함.

⑩ 청년백서(방영일 : 2002년 2월 4일~2002년 12월 29일)

　　전 출연진이 군대 조교로 분해 이 시대 청춘들의 생활지침서를 표방하며 사회적 문제들을 꼬집었던 코너. 코너 말미의 "개그는 개그일뿐 따라하지 말자~"가 인기를 끎.

⑪ 달인(방영일 : 2007년 12월~2011년 11월)

　　'김병만'이 각종의 달인을 연출. 와인감별, 판소리, 뜨거운 라면 빨리 먹기, 무술, 종이접기, 눈을 깜박이지 않은 개안, 한 잠도 안 자는 알람, 폐활량의 달인, 끝말잇기의 달인, 사람의 마음을 정확히 꿰뚫어 보는 라식, 앉기의 달인 치질 등 각종 달인으로 등장함.

　　이상에서 여러 프로그램의 실제 예들을 보면서 무엇이 웃음을 주는가 그 요인을 생각해 보면 좋을 것이다. 아울러 웃음을 주되 좋은 방송 희극은 어떤 것인가를 함께 생각해 보아야 할 것이다. 가령 한국 코미디사의 초기에 바보 연기, 누굴 괴롭히는 연기, 남을 곤경에 빠뜨리는 연기로 사람들을 가학적인 심리 상태를 자극함으로써 웃음을 유발하는 방식은 좋은 창작 방식이 아닌 것이 분명하다. 무조건 웃기고 보자는 식의 접근이 아니라, 세상사에 대해 치밀하게 관찰하면서 웃음 요소를 창작하는 것이 필요하다. 사람들에게 웃음을 줄 희극의 방식은 매우 다양할 수가 있는데,

다만 다음 몇 가지를 자초하지 않는 희극 내용이 연출되면 좋을 것이다.

## (1) 탈선이 아닌 신선한 일탈

웃음의 요소로서 전통적으로 언급되어 온 것은 '일탈(逸脫)'이다. 일탈이란 일상적인 영역이나 생각에서 벗어난 행동 따위를 뜻한다. 사람들이 평상으로 생각하던 방향에서 급회전하여 다른 전개로 펼쳐지면 사람들에게 새로움을 제공하게 되며 그 내용에 유머 요소가 있을 때 사람들에게 웃음을 제공하게 된다. 정상적인 것이 아니게 반전이 일어나 기대 심리를 꺾거나 반복되어 오던 습관과는 다른 양식이 표출되거나 하면 웃음을 자아내는 것이다.

희극 연출의 대부분은 앞으로의 상황을 예상하기 어려울 정도로 언제나 예기치 못한 새로운 전개로 치닫는다. 그런데 방송 희극에서 추구해야 할 일탈은 탈선(脫線)이 되어서는 안 된다는 점을 명심할 필요가 있다. 탈선이란 말이나 행동 따위가 나쁜 방향으로 빗나가는 것을 뜻한다. 말에서 지나치게 과격한 표현이나 욕설이 등장한다든가 행동에서 성적인 자극을 부추기는 음란한 묘사, 또는 살인, 폭력 같은 행동으로 극이 구성되는 것은 결코 좋은 의미의 일탈이 될 수 없다. 이러한 것은 탈선의 범주에 속할 것인데, 요즘 방송에서는 시청자들을 더 강하게 자극하고자 탈선에 해당하는 대사와 행동을 많이 하고 있다. 예를 들어 개그콘서트의 '댄수다'에서 "무면허 운전해야 사고 칠 수 있으니까", 또는 "말을 타야 엉덩이를 때려 줄 수 있으니까" 같은 대사는 연기자의 행동과 함께 성적인 자극을 부추기는 것이었다. 성 범죄가 점차 늘어나고 있는 것이 우리 사회의 아주 큰 문제라는 점을 누구나 다 인식할진대, 이런 사회 문제를 외면하면서 시청률을 올리기 위해 이런 식의 극 전개를 하는 것은 방송 희극 작가와 제작자들의 가치관의 부재를 보여주는 것이다. 어떤 장르이건 대중매체 종사자들은 사회 정의의 가치관을 외면해서는 안 될 것이다.

## (2) 무시가 아닌 공감대가 형성되는 풍자

'풍자(諷刺)'란 무엇에 비유하여 꾸짖는다는 뜻을 지니는데, 이 표현 방식도 희극 구성에 많이 사용된다. 직접 말하지 않고 슬며시 돌려서 사회나 인물의 결함, 죄악 같은 것을 조소적으로 드러내어 비판받도록 하는 수법인데, 역설, 반어, 과장, 축소 등의 방법과 해학과 기지(機智) 같은 웃기는 말투가 동원된다. 남의 결점이나 잘못된 세태를 다른 것에 빗대어 비웃으면서 폭로할 때, 또는 사회비판적인 것을 얘기하고자 할 때 사용할 수 있는 것이다. 예를 들어, 개그콘서트의 한 코너였던 '사마귀 유치원'에서 비뚤어진 청소년 문화의 하나인 왕따, 폭력, 일진에 대해, 유명 브랜드의 두꺼운 잠바만 있으면 리더가 되는데 그 잠바가 없으면 친구에게 뺏어 입고, "이제 그 잠바가 있으니 친구들과 옥상에서 놀 수 있어요. 실컷 놀다 보니 배가 고파요. 나에게 잠바를 준 친구에게 빵을 사오게 하면 돼요. 그런데 그 친구가 늑장을 부리는 바람에 수업 종이 쳤다구요? 그럼 그 친구를 치면 돼요."라고 한 것은 하나의 풍자에 속한다. 나아가 "여러분, 이렇게 하는 게 진짜 학교에서 잘 나가는 거냐구요? 아녜요. 이건 학교 밖으로 나가는 거예요."라고 하면서 친구들이 대학에 가게 될 때, 우리는 안양의 큰 집(교도소)으로 가게 되고 친구들이 대학 학번을 달 때 우리는 3916번으로 불리게 된다는 등 청소년의 비뚤어진 비행에 대해 따끔히 꼬집는다. 꼬집는 데서 그치는 게 아니라, "우리 청소년 여러분, 학생 여러분, 지금 부터 잘 들으세요. 소위 잘 나가고 멋진 친구는 내가 친구에게 손을 뻗었을 때 이렇게 겁먹는 게 아니라, 내가 친구에게 손을 뻗었을 때 이렇게 손을 따뜻하게 잡아 주는 친구가 진짜 멋있는 친구예요."라는 지향점을 제시함으로써 희극으로 웃음을 자아내는 목적이 있는 프로그램에서도 교훈을 줄 수 있는 내용을 구성할 수 있음을 보였다.

그런데 풍자의 방식을 사용할 때 명심해야 할 점은 쉽게, 생각 없이 상대방을 무시하는 내용으로 구성되어서는 안 된다는 것이다. 예를 들어, 개그콘서트의 '누려'에서 풍자하는 것은 경제적으로 어려워서 부를 누리지 못했던 사람들의 무지함에 대해 묘사하면서 웃음을 유발하는데, 부유함의 문화를 모르는 것이 풍자의 대상이 되어야 하는 것은 아니다. 또는 바보스럽거나 어리석은 역할을 연출하면서 웃음을 유발하는 것은 올바른 풍자라기보다는 상대방에 대한 무시에 지나지 않는 의미 없는 것이 될 수가 있다. 방송 희극을 창작할 때에 실없이 웃기는 게 목적이라 할지라도 그 속에는 정당한 주제가 뚜렷이 있어야 한다. 그렇지 않으면 자칫 공감대를 형성하지 못하는 의미 없는 희극이 될 수가 있다.

### (3) 말장난 속에서도 해학의 품격이 담긴 내용

'해학(諧謔)'이란 즐겁게 노는 모양을 뜻하며, 익살스럽지만 저질스럽지 않은 말이나 행동을 뜻한다. 희극에서는 태도, 동작, 표정, 말씨 등에 걸쳐서 웃음을 수반하게 되는데, 사람들은 뭔가 기상천외한 것에 대해 웃는다는 점에 착안하여 무조건 웃기고 보자는 식으로 미친 사람 같은 행동을 하게 하거나, 무조건 윽박지르거나, 말도 안 되게 억지를 부리거나 폭행, 살인 같은 범죄에 해당하는 소재도 가져다 쓰는 등 자칫 품격 잃은 연출이 펼쳐지기 십상이다. 물론 희극 방송에서는 사람의 모습을 우스꽝스럽게 꾸며 표현하는 것도 가능하고, 계속 눈치 없는 사람은 눈치가 없고, 바보스러운 사람은 늘 그렇게 행동하게 하는 것도 가능하다. 그러나 그 속에는 뭔가 바보스럽지만 인성이 착하므로 동정심을 유발한다든가, 눈치가 없지만 순수하여 인간적 냄새가 난다든가 하는 주요 핵심이 있으면 더욱 좋을 것이다. 그렇지 않으면, 시청자들은 바보스러운 사람, 눈치 없는 사람은 무조건 조롱의 대상이 될 수 있다는 인식이 만연하게 되는 악영향을 받게 될 수 있다. 쉽게 손찌검하거나 누굴 놀리는 행동을 어릴 때부터 보아오면 그것이 일상의 자연스러운 행동습관이 되고 이로부터 다른 누구를 왕따 시킬 수 있는 그릇된 행동으로 변질될 수가 있는 것이다. 희극에서 웃음을 유발하기 위해 놀라움, 부적절함, 그럴 듯하지 않음 등이 표출되는 것이 당연하나, 너무 지나쳐서 일탈이 아닌 탈선, 우습기보다는 황당함, 유쾌함이 아닌 불쾌함을 유발할 지경으로 치달으면 안 된다는 점을 명심해야 할 것이다.


## 03 방송 희극 창작 실습

웃음을 주는 재미있는 방송 희극의 창작 연습을 세 가지 관점에서 접근해 보면 좋을 것이다. 하나는 구성면이다. 반전, 비약, 현실 순응적 꼬리 내림, 풍자, 일탈 같은 극적 전개상의 기법은 구성의 문제에 해당될 것이다. 그런가 하면 반어적, 유머, 재담, 유행어, 언어유희 같은 것은 내용의 문제가 될 것이다. 그런데 그런 것이 나오기 전에 가장 먼저 생각해 보아야 할 것은 어떤 소재와 주제를 다룰 것인가 하는 문제가 될 것이다. 희극 창작의 대략적인 과정을 살펴보기로 한다.

### (1) 웃음 소재의 수집

희극 작가는 보통의 것을 가지고서는 남을 웃길 수 없는 희극을 만드는 사람이므로 희극 작가는 특별히 세상일에 대해 세세히 관찰하고 생각하고 호기심을 발동하고 다시 연구하는 등의 사유 활동을 끊임없이 할 필요가 있다. 자기의 체험, 남의 경험, 본 것, 읽은 것, 생각한 것 등 다양한 영역에 걸쳐 정보를 수집하면서 박학다식에 더하여 생각쟁이가 되어야 한다. 관심을 가지고 들여다 본다면 우리 주변은 소재와 화제의 보고이다. 가령 어떤 빵집에 갔는데 빵 진열의 한 군데에 'New Zone'이라고 영역 구분을 해 놓고 그 아래 '착한 가격 1,000원'이라고 써 붙여 놓은 것을 보면, 당장 희극 프로그램의 한 코너 명으로 적용을 해 볼 수가 있을 것이다. 리얼 버라이티 형식으로 진행되는 개그 프로그램의 한 코너를 특별히 집중하게 하는 제목을 붙이고 그 코너에는 우리 사회에 밝은 등불을 비추어주고 사람들로 하여금 갈등과 부조화를 벗어나 화합하며 올바르게 살 수 있는 삶의 팁도 던져주는 특별한 구성을 해 볼 수도 있는 것이다. 진열대 위의 물건들을 소재로 하여 그 물건에 얽힌 사연을 재담으로 엮을 수도 있고, 놀

이터의 놀이 기구 위에서 펼쳐질 수 있는 갖가지 동심의 세계를 그리면서
어른 세계를 풍자해 볼 수도 있다. 이 세상의 모든 소재가 다 희극 창작의
소재가 될 수 있는데, 지금 우리 세대에 절실히 필요한 것은 방송의 인기
프로그램과 인기 연예인들이 앞장서서 우리 사회를 올곧게 바로 잡아 나
가야 한다는 인식이 기본이 되면 좋겠다는 바람을 가져본다.

### (2) 하나의 구성 속에서 웃음의 큰 줄기를 형성해 주기

개그 프로그램 안에서 하나의 작은 극이 펼쳐질 때, 일반적인 극의 구
성 요소에 대해 십분 인식하여 극을 구성함으로써 완성도 높은 창작에 이
를 수가 있다. 일단 그 극에서 전달하고자 하는 메시지가 무엇인가에 대
해 정확히 인지하고 있어야 한다. 때에 따라 그때그때 변화하는 것이 아
니라 지속성을 가지고 일관된 메시지를 전할 수 있도록 해야 한다. 또한
글이나 극의 체계 속에서의 전개 양식인 '기, 승, 전, 결'의 기본적인 전개
가 펼쳐지면서 짜임새 있는 조화를 이루면 좋을 것이다. '기(起)' 부분은
시(詩)에서 시상을 불러일으키듯이, 극에서 앞으로 펼쳐질 메시지에 대해
오픈 마인드 하는 역할을 하게 된다. 희극 구성은 앞으로의 전개를 예상
하게 하는 보통의 구성이 아니라는 점에서 '기' 부분에서 앞으로 펼쳐질
것에 대한 예상을 주지는 않아도 된다. 다만 상황적인 것이나 서사적인
것의 시작 부분에 해당하는 정보 정도를 주면 좋을 것이다. '승(承)' 부분
에서는 기의 내용을 발전시키는 역할을 하는데, 이야기가 전개되는 내용
을 담으면 될 것이다. 다음으로, 급작스러운 반전이나 전환이 일어나는
'전(轉)' 부분이 옴으로써 강한 인상을 주면 좋은데, 희극의 특색인 놀라

움, 부적절함, 그럴듯하지 않은 것들이 이 부분에서 웃음 요소로서 표현되어야 할 것이다. 그리고 이러한 내용이 연결되면서 더욱 강한 효과를 일으키며 여운을 남기는 '결(結)'의 구성으로 끝을 맺으면 좋을 것이다. 이러한 구성 속에서 갈등 요소도 적절히 들어가면 좋을 것이고, 신선한 놀라움을 주는 것, 규범으로부터의 일탈이지만 충분히 공감대를 형성할 수 있는 것, 불쾌함이 아닌 유쾌함을 줄 수 있는 것, 잘못된 관습이나 사상에 대해 굳은 벽을 깨고 찬물을 마시듯이 새로운 인식 세계로 몰아갈 수 있는 것들, 따뜻한 물을 마시듯이 함께 공감대를 형성할 수 있는 것들을 요소요소에 삽입해 주는 구성을 짜내야 할 것이다.

### (3) 세부 대사와 세부 움직임 연구를 통해 극의 완성도 높이기

사람들은 아주 작은 유머에도 웃게 되어 있다. 가령, "자책하지 마세요."라고 말했을 때, 상대방이 "잡채요?"라고 해도 사람들은 웃는다(물론 앞 대목에 잡채에 대한 사연이 들어 있다). 그런데 웃고 나서 가만히 생각하면 별로 웃을 일도 아닌 싱거운 것이었고, 또 금방 그 사연을 잊을 수도 있다. 희극 전개에서 가볍게 싱거운 웃음을 주는 것은 간단한 언어유희를 써서 만들어 낼 수 있다. 제목에서 '나를 술푸게 하는 세상('슬프게'의 변형으로 '술을 푸게'라는 뜻으로 바꿈), 감수성(사람의 성질을 뜻하는 단어이나 장군들이 있는 '성'의 이름으로 활용), 애정남('애매모호한 것을 정해 주는 남자'의 줄임) 같은 것도 언어유희적인 재치 있는 표현이 되어 사람들을 웃게 만든다. "저는 술 몇 잔 먹었다고 매무새 흐트러지는 그런 못 배운 놈이 아닙니다."라는 대사에서 '못 배운 놈'이라는 대목에서 사람들은 또 웃는다.

술 몇 잔 먹고 매무새 흐트러지는 사람에 대해 사람들은 전혀 배움의 문제를 생각하지 않는데, 그러한 불균형 기법의 예상 밖의 말을 들었기 때문이다. 강하게 뭔가를 주장하다가 유익한 제안이 들어오면 얼른 0.1초 만에 단번에 순응하는 장면에서도 사람들은 웃는다. 이성적으로 따져보면 얍삽한 인간형이 그려지고 있으므로 웃을 일이 아닌데, 별 것 아닌 일로 강하게 대립되다가 작은 선물에 선뜻 수긍하는 모습에서 우리는 극적인 대립이 한 순간에 해결되는 인간다움의 공감대를 갖는 것이다. 물론 그 수긍의 행동이 다른 누군가에게 피해를 주는 심각한 거라면 웃음을 자아내지 못할 것이나, 고집을 꺾는 인간의 양순함 같은 정도의 사연이라면 충분히 웃음을 유발해 낼 수 있는 것이다.

희극에서 대사만큼이나 중요한 것이 움직임이다. 특징적인 움직임은 연기인의 몫이겠지만 희극 작가와 연출가, 그리고 연기인이 함께 연구하며 그 누구도 생각지 못했던 동작, 표정들을 구사해 낼 수 있을 것이다. 무대 위에서의 연기인들이 그리는 동선에 대해서도 구성적인 면이 잘 되어 있는지 살펴야 할 것이고 분장, 치장, 소품에 이르기까지 세부적인 부분 부분에서도 웃음을 유발할 수 있는 요소를 집어넣어야 할 것이다.

이상에서 방송 희극 창작에 대해 개략적으로 살펴보았다. 한 편의 희극을 창작하는 것은 작가의 엄청난 재능이 필요한 것이다. 선천적으로 남을 웃길 수 있는 창작을 잘 할 수 있는 사람도 물론 있겠으나, 많은 부분은 끊임없는 노력에 의존하는 것이라고 생각한다. 현재 방송되는 희극에 대한 세부적 관찰과 연구, 현장 조사, 삶의 모든 영역에 대한 관심과 관찰,

그것을 바탕으로 이모저모 궁리하며 소재와 주제, 세부 대사들을 자신의 기록 창고에 차곡차곡 정리하며 보관하는 등의 노력을 할 수 있을 것이다. 짧은 기간 안에 이러한 것들이 완성될 리는 없다. 인내심을 가지고 부단한 노력을 하면서 자신의 작품을 선보일 수 있는 기회를 십분 이용하면서 등단의 기회를 노려야 한다. 일단 등단했다가도 얼른 도태될 수 있는 것이 방송의 세계이므로 등단 전 충분히 경쟁력 있는 많은 자산을 가지고 있다면 더욱 좋을 것이다.

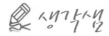 생각샘

**1** 다음의 방송 희극 대본을 보고, 무엇이 웃음의 요소로 작용하는지에 대해 분석하시오.

〈개그콘서트 4인 4색 대본〉

경천 : 어린이 여러분! 오늘은 호동왕자와 낙랑공주 얘기를 들려 드릴게요~!

기수 : 오늘 준비한 상품은 녹즙기 세트입니다.

상태 : 오늘의 동물의 세계 주인공은 바로 고양이입니다.

지헌 : 지금부터 배구 경기를 시작하도록 하겠습니다.

경천 : 옛날 옛날 호동왕자와 낙랑공주가 살고 있었어요. 잘생기고 늠름한 호동왕자는

기수 : 잘 돌아요. 이렇게 돌때마다

상태 : 쥐를 잡아먹습니다.

경천 : 가야국에 사는 낙랑공주는

지헌 : 시합 전에 예민한데요, 이렇게 예민한 날엔 말이죠, 선수들 서로

상태 : 구석구석 핥아줍니다.

경천 : 한편, 가야국에 있는 자명고는 적들이 올 때마다 큰 소리로

지헌 : 응원합니다.

상태, 기수, 경천 : 김세진! 김세진 오빠!

지헌 : 김세진 선수, 아, 여성팬들에게 인기가 많은가요??

기수 : 당근이죠! 이 비타민 A가 풍부한 당근을 갈아드시면

상태 : 기생충이 득실거립니다

경천 : 호동왕자는 이 자명고를 찢기 위해

상태 : 날카로운 발톱을 드러냅니다. 이 발톱으로

지헌 : 상대편을 공격하는데요, 저 선수, 작년 연봉이

기수 : 39,000원! 이렇게 싸게 드리면 남는게 하나도 없어요, 그래서
　　　우리 사장님은

상태 : 남몰래 쓰레기통을 뒤집니다. 뭔가 주워 먹을 게 있나보죠.

경천 : 낙랑공주와 호동왕자는 만나자마자

지헌 : 선을 넘고 말았는데요, 감독. 흥분해서 코트 안으로 들어가

상태 : 오줌을 쌉니다. 이 오줌을

기수 : 아침마다 공복에 먹으면 너무 좋습니다. 저 보세요, 한 삼개월
　　　먹으니까 몸이 좋고 이 근육 어때요?

상태 : 재수 없습니다. 서양에서 검은 고양이는 불길한 동물이죠,

경천 : 낙랑공주를 사랑한 호동왕자는

지헌 : 주위를 맴돌면서 기회를 엿보고 있습니다. 아, 저 선수, 상대편
　　　선수를

기수 : 곱게 갈아요. 그 다음에

상태 : 먹이로 던져줍니다. 아주 좋아하죠.

경천 : 신문고를 찢은 낙랑공주는

지헌 : 벤치에서 쉬고 있는데요, 목이 마른지…

상태 : 젖을 쪽쪽 빨고 있습니다. 빨고 있는 모습이 귀엽죠, 이렇게
　　　젖을

기수 : 빨대로 쪽쪽 빨아드세요. 건더기가 없어서 이렇게 빨아대면

지헌 : 관중들 흥분하고 있습니다. 경기장 내에 있는 관중들, 승리에
　　　기쁨에 넘쳐

상태 : 짝짓기를 합니다.

경천 : 여러분, 잘 들으셨어요?

상태 : 고양이의 오줌을

기수 : 잘 섞어서

경천 : 낙랑공주에게

지헌 : 먹이라는 거죠~!

경천 : 어린이 여러분~! 다음 이 시간엔

기수 : 더욱 더 다양한

상태 : 짝짓기를

지헌 : 중계방송을 해드리겠습니다.


**2** 위에 제시된 4인 4색 코너를 본인이 직접 구성해 보시오. 3인 3색, 또는 2인 2색으로 각색해도 좋습니다.

## 두레박

**1** 현재 방영되는 인기 코미디 프로그램 중 하나를 골라, 제2편을 구성해 보시오.

**2** 이 장의 1절에 제시된 여러 코미디 유형 중 하나를 골라, 본인이 직접 코미디 작품을 창작해 보시오.

# 참고문헌

강현두 역(1996), 『영화 속의 코미디, TV 속의 코미디』, 한국방송개발원.
국립국어원(2010), 『한눈에 알아보는 신문 언어 바로 쓰기』, 국립국어원.
김미라·고혜림(2004), 『방송 구성작가 입문』, 커뮤니케이션스북스.
김미형(2011), 『국어국문학도의 대중매체 언어문화 콘텐츠 창작』, 역락.
김봉순(1999), 「신문기사에 반영된 필자의 주관성」, 99추계학술대회, 한국텍스트언어학회.
김영욱(2004), 『신문윤리강령 개정과 신문윤리위원회 활성화 방안』, 신문윤리강령 개정 방안
　　　세미나(2004. 11. 25) 자료집.
김한샘(2010), 『언론언어의 공공성 진단 잣대 ─ 방송언어, 공공언어 공공성 점검 잣대 잡기』,
　　　한겨레말글연구소 자료집.
박근서(2006), 『코미디, 웃음과 행복의 텍스트』, 커뮤니케이션스북스.
박웅현·강창래(2009), 『인문학으로 광고하다』, 알마.
한국방송비평회 펴냄(2001), 『방송비평의 실제』, 한울.
빌 코바치·톰 로젠스틸 지음, 이재경 옮김(2003), 『저널리즘의 기본 원칙』, 한국언론진행
　　　재단.
오택섭(2005), 『미디어와 정보사회』, 나남출판.
이건호(2010), 『언론 글쓰기, 이렇게 한다』, 한울.
이경희(2006), 『기사되는 보도 자료 만들기』, 루비박스.
이재경 편(2002), 『기사 쓰기, 이렇게 공부하라』, 나남출판.
최창섭 엮음(2001), 『방송비평의 실제』, 한울아카데미.
한국방송비평회 펴냄(2001), 『방송 비평의 실제』, 한울아카데미.
한택수(2005), 『일상 속의 대중문화 읽기』, 고려대학교출판부.
홍성호(2004), 『교열 리포트』, 커뮤니케이션스북스.
EBS 제작팀(2009), 『설득의 비밀』, 쿠폰북.
M, 닐 브라운·스튜어트 M, 킬리 지음(2010), 『11가지 질문도구의 비판적 사고력 연습』, 돈
　　　키호테.